LOS MAESTROS DEL ARTE

HISTORIA DE LA ARQUITECTURA

TEXTO

FRANCESCO MILO

◆

ILUSTRACIONES

LORENZO CECCHI, STUDIO GALANTE, ANDREA RICCIARDI

SerreS

DoGi

una producción
DoGi spa, Florencia
título original
L'Architettura
texto
Francesco Milo
editor
Andrea Bachini
visualización
Francesco Lo Bello
ilustraciones
Simone Boni
Lorenzo Cecchi
Andrea Ricciardi
Studio R.L. Galante:
Manuela Cappon
Luigi Galante
Alessandro Menchi
Francesco Spadoni
investigación iconográfica
Francesco Milo
paginación
Sebastiano Ranchetti
proyecto gráfico
Oliviero Ciriaci
dirección artística
Sebastiano Ranchetti

© 1999 DoGi spa
Florencia, Italia

Derechos en lengua castellana:
© 1999 Ediciones Serres, S.L.
Primera edición en lengua castellana:
© 1999 Ediciones Serres, S.L.
Muntaner, 391 / 08021 Barcelona

ISBN: 84-88061-98-6

traducción:
María Antonia Menini

fotocomposición:
Editor Service, S. L. – Barcelona

◆ CÓMO LEER ESTE LIBRO

Algunas dobles páginas de este libro afrontan una sola época y un estilo concreto de la historia de la arquitectura, desde el Paleolítico a la cultura clásica de Grecia y de Roma, desde el Románico al Gótico, desde el Renacimiento al Barroco hasta llegar al siglo XX. El tema de otras dobles páginas se refiere, en cambio, a una gran cultura nacional o continental. Para cada época y cultura se ha elegido un conjunto de edificios representativos.

Junto al tratamiento principal de cada una de estas dobles páginas figuran informaciones y notas sobre otros episodios significativos de carácter histórico y artístico. Finalmente, algunas dobles páginas del libro están dedicadas a técnicas de construcción específicas como el arco, la bóveda, la prefabricación. En este caso, se ha elegido también un episodio o un edificio especialmente importante.

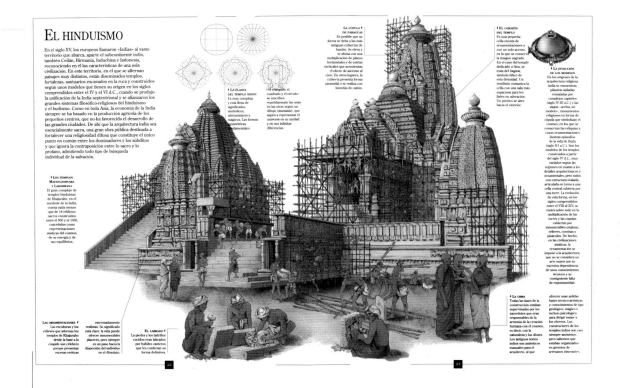

EL HINDUISMO

◆ **LA PÁGINA**
La gran ilustración central profundiza en el tema principal.

En las columnas de los márgenes de las páginas, en los pies y en las ilustraciones que figuran a

su alrededor se resumen otras características de las épocas o de los tipos de construcción tratados.

◆ CRÉDITOS

Las ilustraciones contenidas en este libro, inéditas y originales se han realizado por encargo y bajo la supervisión de DoGi s.r.l. que es el propietario del copyright.

Abreviaciones: *a*, arriba; *b*, abajo; *c*, centro; *d*, derecha; *i*, izquierda.

ILUSTRACIONES
Lorenzo Cecchi: 14-15, 26-27, 42-43, 58-59
Andrea Ricciardi: 12-13, 18-19, 34-35, 36-37, 38-39
Studio Galante: Manuela Cappon: 40-41, 46-47, 54-55, 24-25; Luigi Galante: 8-9, 48-49, 60-61; Alessandro Menchi: 32-33, 44-45, 50-51, 62-63, 56-57; Francesco Spadoni: 10-11, 20-21, 22-23, 30-31, 52-53
Studio Inklink: Simone Boni: 4-5, 6-7, 16-17
Giuseppe Arrighi: 28-29
PORTADA: Andrea Ricciardi DORSO PORTADA: ad Boni/Galante; ad: Lorenzo Cecchi; b: Francesco Spadoni
FRONTISPICIO: Luigi Galante

DOCUMENTOS, REALIZACIONES POR ORDENADOR E ILUSTRACIONES DEL CONTORNO
DoGi s.r.l. ha tratado por todos los medios de localizar los eventuales derechos de terceros. Pide disculpas por las posibles omisiones o errores y tendrá mucho gusto en introducir las oportunas correcciones en las sucesivas ediciones de este volumen.

Interior
4. a: Giuseppe Arrighi; b: Boni/Galante. **5.** Boni/ Galante. **6.** Archivo Curcio. **7.** i: Aerofilms; d: Sergio Bottai. **8.** Giacinto Gaudenzi. **9.** i: Sebastiano Ranchetti; d: Francesco Lo Bello. **10.** Luigi Galante. **11.** ai: Archivo Dogi; a: Igda, Milán; b: Siliotti. **12.** i: Igda, Milán; d: École Nationale Supérieure de Beaux Arts, París. **13.** i: Sebastiano Ranchetti; c: Sebastiano Ranchetti; d: British Museum, Londres. **14.** i: Archivo Dogi; c: Fotostock, Barcelona; b: Sebastiano Ranchetti. **16.** Sebastiano Ranchetti. **17.** i: Giulia Anna Bernardini; d: Scala, Florencia. **18.** Archivo White Star (Marcello Bertinetti). **19.** Boni/Galante. **20.** a: L. Haghe; b: Archivo Curcio. **21.** Archivo Curcio. **22.** Sebastiano Ranchetti. **23.** Laura Ottina. **24.** i: Archivo Dogi; d: Francesco Lo Bello. **25.** i: Tiziano Perotto; d: Lorenzo Cecchi. **26.** i: Archivo Dogi; d: Peter Willi, París. **27.** i: Sebastiano Ranchetti; d: Manuela Cappon. **28.** Giuseppe Arrighi. **29.** ai: Giuseppe Arrighi; bs: Sebastiano Ranchetti; ad: Sergio Bottai. **30.** ai: Archivo Dogi; ad: Archivo Dogi; b: Sebastiano Ranchetti. **32.** i: Archivo Dogi; d: Sebastiano Ranchetti. **34.** ai: Luigi Galante; ad: Sebastiano Ranchetti; b: Archivo Dogi. **35.** i: Lorenzo Cecchi y Francesco Petracchi; ad: The Bridgeman Art Library, Londres. **36.** i: Scala, Florencia; c: Sebastiano Ranchetti; d: Sebastiano Ranchetti. **37.** Claudia Saraceni. **39.** ai: Archivo Curcio; ad: Archivo Dogi; b: Scala, Florencia. **40.** Lorenzo Cecchi. **41.** i: Zefa/Orion; d: Francesco Lo Bello. **42.** ai: Marco Rabatti; c: Giancarlo Gasponi; **43.** Archivo Dogi. **44.** Boni/Galante. **45.** i: Museo de la Ciudad Prohibida, Pekín; d: Rapho (G. Gersten). **47.** i: Archivo Dogi; d: The Image Bank, Londres. **48.** Laura Ottina. **49.** i: Sime (J. Huber); d: Archivo Dogi. **51.** Archivo Electa. **52.** ai: Boni/Galante; ad: Boni/ Galante. **53.** Carlo Cantini, Florencia. **54.** Sebastiano Ranchetti. **55.** Paola Ghiggi. **56.** Renato Avril. **57.** Archivo Dogi. **58.** a: Imapress (S. Visalli); b: Archivo Electa. **60.** H. Roger-Viollet. **61.** Pino Dell'Aquila. **63.** Eamonn O'Mahony.

Portada
(en el sentido de las manecillas del reloj): Archivo Dogi; Fotostock, Barcelona; Archivo Dogi; Sergio Bottai; Archivo Curcio; V; Imapress (S.Visalli); Archivo Curcio; V; Archivo Curcio; Sergio Bottai; V; Claudia Sareceni; Archivo Dogi; Igda, Milán; Archivo Dogi; Scala, Florencia; Archivo Dogi; Sime (J. Huber); Rapho (H. Gersten); Agenzia Contrasto.

ÍNDICE

LA MADERA

En los orígenes de la arquitectura, es decir, de la construcción de refugios artificiales por parte de los cazadores-recolectores del Paleolítico, se encuentra un material del que el hombre siempre será deudor: la madera. Cuando los bosques cubrían buena parte del planeta, había madera casi en todas partes y los primeros constructores empezaron a aprovechar sus grandes cualidades de elasticidad, ligereza y resistencia. Algunos sencillos sistemas constructivos creados hace decenas de miles de años son los mismos que sigue habiendo hoy en día. La madera es, por tanto, la gran protagonista de la historia de la arquitectura, insustituible hasta épocas muy recientes. Detrás de los revestimientos de piedra o de ladrillo, casi todos los grandes edificios construidos a lo largo de los siglos ocultan, en efecto, un alma de madera.

✦ LAS CABAÑAS PRIMITIVAS
Apoyadas directamente en el suelo, con base rectangular o circular, estaban revestidas con estratos de paja superpuestos.

✦ LOS PALAFITOS
Hace unos 35.000 años, los hombres prehistóricos empezaron a asentarse alrededor de los lagos o las corrientes de agua, donde podían encontrar plantas comestibles, caza y pesca en abundancia. Los primeros poblados estaban integrados por una o más cabañas, elevadas del suelo para evitar ser inundadas en caso de desbordamiento.

✦ LAS PRIMERAS CALLES PAVIMENTADAS
Se construyeron con troncos de árbol cubiertos por un tupido entramado de arbustos, para hacer practicable el terreno pantanoso que a menudo rodea los lagos.

✦ LOS PRIMEROS RECINTOS DE DEFENSA
Alrededor del poblado se construían unas empalizadas relativamente altas que lo defendían de los animales peligrosos o de los enemigos.

✦ LAS CASAS TRADICIONALES
En los países del norte de Europa se viene utilizando desde hace siglos este mismo procedimiento constructivo. La estructura, apoyada sobre una base de mampostería, consta de vigas y pilastras de madera unidas con clavos y ensamblajes. En las paredes se utiliza barro o bien haces de juncos trenzados y revestidos de cal, más adelante sustituidos por ladrillos. La madera ofrece una excelente protección contra el frío porque, a diferencia de la piedra, no lo retiene.

LOS FOSOS ✦
En la proximidad de las cabañas se excavaban amplios fosos para la obtención de arcilla. Más tarde, éstos se utilizaban para recoger los residuos.

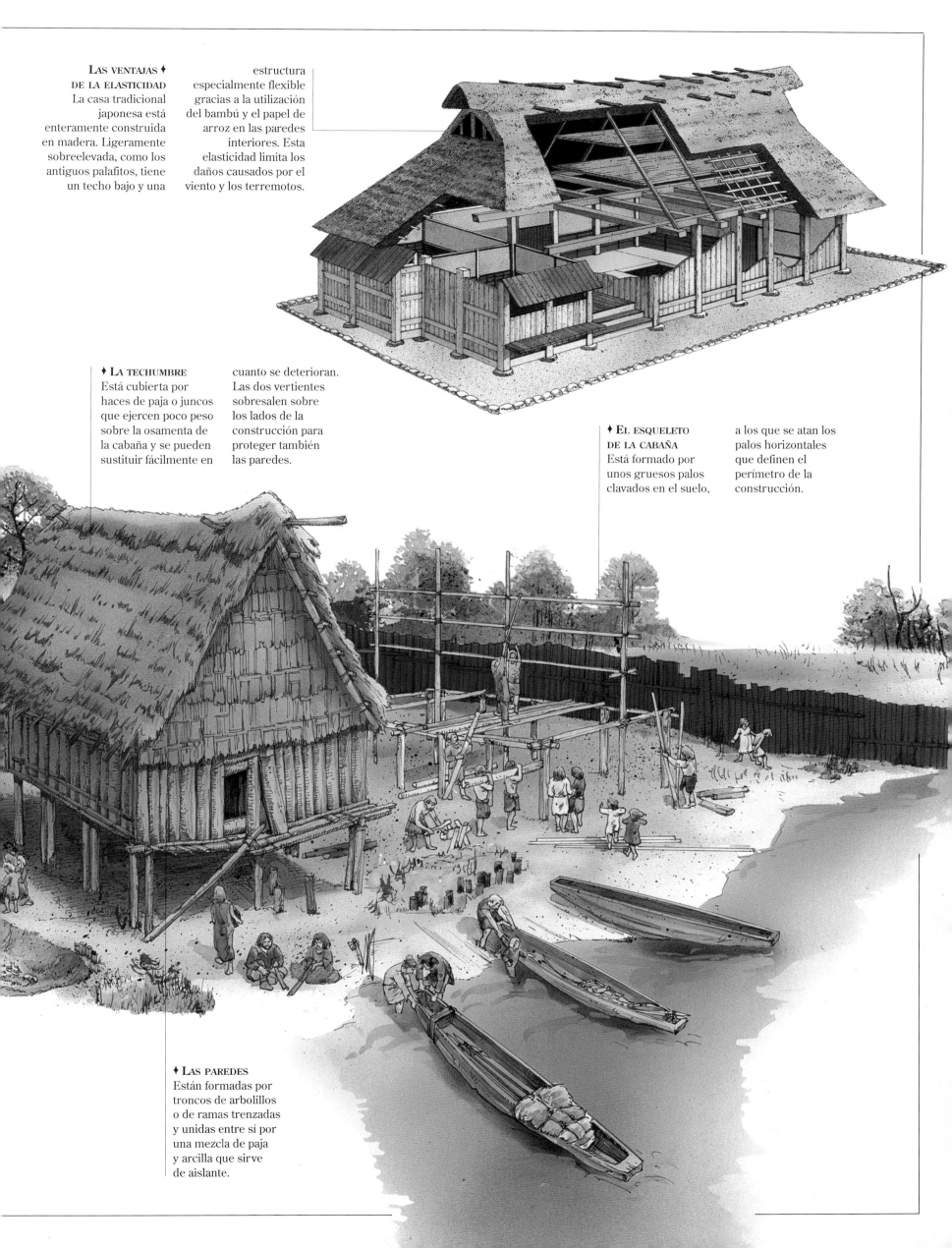

LAS VENTAJAS ✦ DE LA ELASTICIDAD
La casa tradicional japonesa está enteramente construida en madera. Ligeramente sobreelevada, como los antiguos palafitos, tiene un techo bajo y una estructura especialmente flexible gracias a la utilización del bambú y el papel de arroz en las paredes interiores. Esta elasticidad limita los daños causados por el viento y los terremotos.

✦ LA TECHUMBRE
Está cubierta por haces de paja o juncos que ejercen poco peso sobre la osamenta de la cabaña y se pueden sustituir fácilmente en cuanto se deterioran. Las dos vertientes sobresalen sobre los lados de la construcción para proteger también las paredes.

✦ EL ESQUELETO DE LA CABAÑA
Está formado por unos gruesos palos clavados en el suelo, a los que se atan los palos horizontales que definen el perímetro de la construcción.

✦ LAS PAREDES
Están formadas por troncos de arbolillos o de ramas trenzadas y unidas entre sí por una mezcla de paja y arcilla que sirve de aislante.

LA PIEDRA

Siempre que el hombre ha querido que sus obras desafiaran los tiempos ha construido en piedra. Las culturas prehistóricas europeas levantaron enormes estructuras para celebrar sus propios ritos y para orgullo de la comunidad. En efecto, las arquitecturas en piedra más antiguas del mundo, que se remontan a hace más de 6.000 años, fueron una creación original de Occidente. Los dólmenes ibéricos fueron utilizados por los primeros agricultores sedentarios como sepulcros. En cambio, el conjunto circular de Stonehenge, en las Islas Británicas, era probablemente un observatorio astronómico construido para estudiar el movimiento de los astros y para honrar a las divinidades: el número de las piedras y su orientación corresponden, en efecto, a las principales fases de los movimientos de la Luna y a la posición del Sol en el horizonte en los días de paso de las estaciones.

♦ EL TRILITO
Es el sistema más primitivo de construcción: dos piedras verticales que sostienen una piedra horizontal (arquitrabe). A la izquierda, el dolmen de Bisceglie, en la Apulia, del 3000 a.C.

LAS PIEDRAS AZULES ♦
Son las primeras piedras que se colocaron. Forman un anillo y una herradura interiores. Proceden de una región de Gales y, por consiguiente, fueron transportadas a lo largo de varios centenares de kilómetros por agua y por tierra.

♦ EL CROMLECH
Con este término, que significa piedra curva, se designa un agrupamiento circular de menhires (piedras enhiestas) y de dólmenes (mesas de piedra). El de Stonehenge es el más extenso: aproximadamente 100.000 metros cuadrados. El conjunto más célebre es el resultado de tres fases sucesivas de construcción: primero se excavaron terraplenes concéntricos, más tarde se erigieron construcciones de madera y, finalmente, entre el 2550 y el 1600 a.C., se realizó la imponente obra en piedra.

LAS TÉCNICAS ♦ DE CONSTRUCCIÓN
Los enormes bloques de piedra (menhires) se transportan sobre una especie de trineos construidos con gruesos troncos de árbol y se enderezan verticalmente tras haber sido parcialmente bajados a unos hoyos adecuados. Un terraplén provisional o una estructura de madera permite colocar posteriormente las lajas de piedra (dolmen). La hazaña es posible gracias a la participación de millares de hombres.

♦ EL CÍRCULO DE SARSEN
Cada una de las piedras de durísima arenisca que forman el círculo exterior y la herradura pesa entre 26 y 40 toneladas y proceden de una localidad situada a 30 km al norte de Stonehenge.

♦ EL ALTAR
Dispuesto de cara a una piedra (*Heel*) del exterior del conjunto en la avenida de acceso, es un punto privilegiado para la observación de la salida del sol, particularmente el día del solsticio de verano.

♦ EL NEOLÍTICO
Se definen neolíticas las sociedades prehistóricas que producen sus propios alimentos, seleccionando plantas y animales para la cría y el cultivo. Se trata de un fenómeno revolucionario que se inició hace aproximadamente 14.000 años en el Cercano Oriente y que se desarrolló a partir del 6000 a.C. en el sudeste y posteriormente en el noroeste de Europa. Las primeras necrópolis aparecen simultáneamente con los primeros poblados entre el 5000 y el 4000 a.C. Unas enormes piedras, a veces cuidadosamente adornadas, señalan estas sepulturas colectivas. Son los dólmenes, que sirven también para delimitar los territorios controlados por las distintas comunidades (arriba, el dolmen de Palaggiu, en Córcega). En el caso de Stonehenge, por el contrario, la aplicación de leyes geométricamente básicas permitió crear un lugar funcional para la observación de los solsticios y de las fases lunares. Como en todos los monumentos megalíticos (del griego «piedra de gran tamaño»), sólo la riqueza y el nivel de organización alcanzados con la práctica de la agricultura permitieron invertir tanta mano de obra en una empresa que exalta los vínculos de la comunidad. En el delicado equilibrio de las fuerzas naturales, la comunidad dependía inevitablemente de los ciclos de las estaciones, pero poco a poco empezó a comprender sus leyes y a sacarles provecho.

♦ STONEHENGE
Situada en el condado inglés de Wiltshire, a 12 km al norte de Salisbury, la localidad de Stonehenge es célebre por sus monumentos megalíticos (es decir, formados por colosales bloques de piedra) que se remontan a hace más de 4.000 años. Toda el área forma un cuadrado de aproximadamente 6 km de lado y se encuentra en un altiplano muy cerca del río Avon.

♦ LOS HALLAZGOS
El cromlech de Stonehenge no está aislado: a su alrededor, en el mismo llano, se extienden ruinas y túmulos sepulcrales todavía más antiguos (hasta 3000 años a. C.).

La tierra

♦ DEL POBLADO
A LA CIUDAD

Hace aproximadamente 12.000 años, en el Cercano Oriente, el hombre abandonó las cuevas y los demás refugios naturales para construir los primeros asentamientos al aire libre. Los poblados más antiguos estaban situados en zonas ricas en recursos naturales y sus habitantes vivían todavía de la caza y de la recolección. Las viviendas, parcialmente enterradas en el suelo, presentaban una planta circular y un tejado en terraza, sostenido por estacas de madera. A comienzos del octavo milenio se empezaron a construir paredes de cal y tierra propiamente dichas y a separar los espacios interiores. Después se inventó el ladrillo crudo de arcilla y las viviendas adquirieron una forma rectangular (arriba, una fase del trabajo). Simultáneamente se realizaron las primeras obras de fortificación: fosos y murallas. Pero el poblado sólo se convirtió en ciudad cuando empezó a desarrollar su papel de centro de recogida y redistribución de los productos obtenidos con el trabajo de la comunidad, lo cual ocurrió en el transcurso del cuarto milenio a.C. en Mesopotamia, cuando los sumerios llevaron a cabo el saneamiento de la región con grandes beneficios para la agricultura y empezaron a acumular las riquezas de un estado cada vez más centralizado en el zigurat-templo-plaza fuerte-almacén que era también el eje de la vida administrativa.

El «creciente fértil» se extiende desde el delta del Nilo al del Tigris y el Éufrates. En este vasto territorio estepario se asentaron los antiguos recolectores y cazadores nómadas para dedicarse a actividades sedentarias como la agricultura y la cría de ganado, dando origen a civilizaciones milenarias. Así pues, en el Cercano Oriente, entre el décimo y el cuarto milenio a. C., se produjo el paso desde los primeros poblados estables formados por viviendas circulares a las primeras ciudades fortificadas. Desde finales del octavo milenio a. C. , a los naturales materiales de construcción de la piedra y la madera se añadieron los ladrillos: los crudos modelados con tierra y secados al sol y más tarde los cocidos en los hornos, mucho más resistentes. De esta manera, desde la más antigua ciudad-estado de Mesopotamia, hasta las obras más imponentes, como los zigurats, se construyen con ladrillos de arcilla. Erigidos sobre basamentos de gradas que forman terrazas superpuestas a las que se accede por medio de escalinatas y rampas, éstos permitían colocar a una considerable altura la morada del dios, en un país en el que escasean los relieves naturales, entre otras cosas, para protegerla también de las frecuentes inundaciones.

♦ EL ZIGURAT
DE UR-NAMMU

Esta torre-templo dedicado a la diosa lunar Eanna presentaba una base rectangular de unos 45 metros por 65 y medía 20 metros de altura. Los cuatro ángulos están dirigidos hacia los cuatro puntos cardinales. Sacado a la luz en los años veinte, se consolidó su estructura, respetando la forma original.

EL TEMPLO ALTO ♦

Colocado en el vértice de tres plataformas superpuestas, es el lugar en el que se manifiesta la divinidad. Al mismo tiempo, es la manifestación del poder que se hace visible a las masas de los súbditos mediante el carácter monumental de sus propias creaciones.

LA PROCESIÓN ♦

Las ofrendas que aumentan el patrimonio de la comunidad son transportadas por hombres semidesnudos porque, cuando éstos se acercan a la divinidad, no tienen que conservar nada de sí mismos, ni siquiera la ropa.

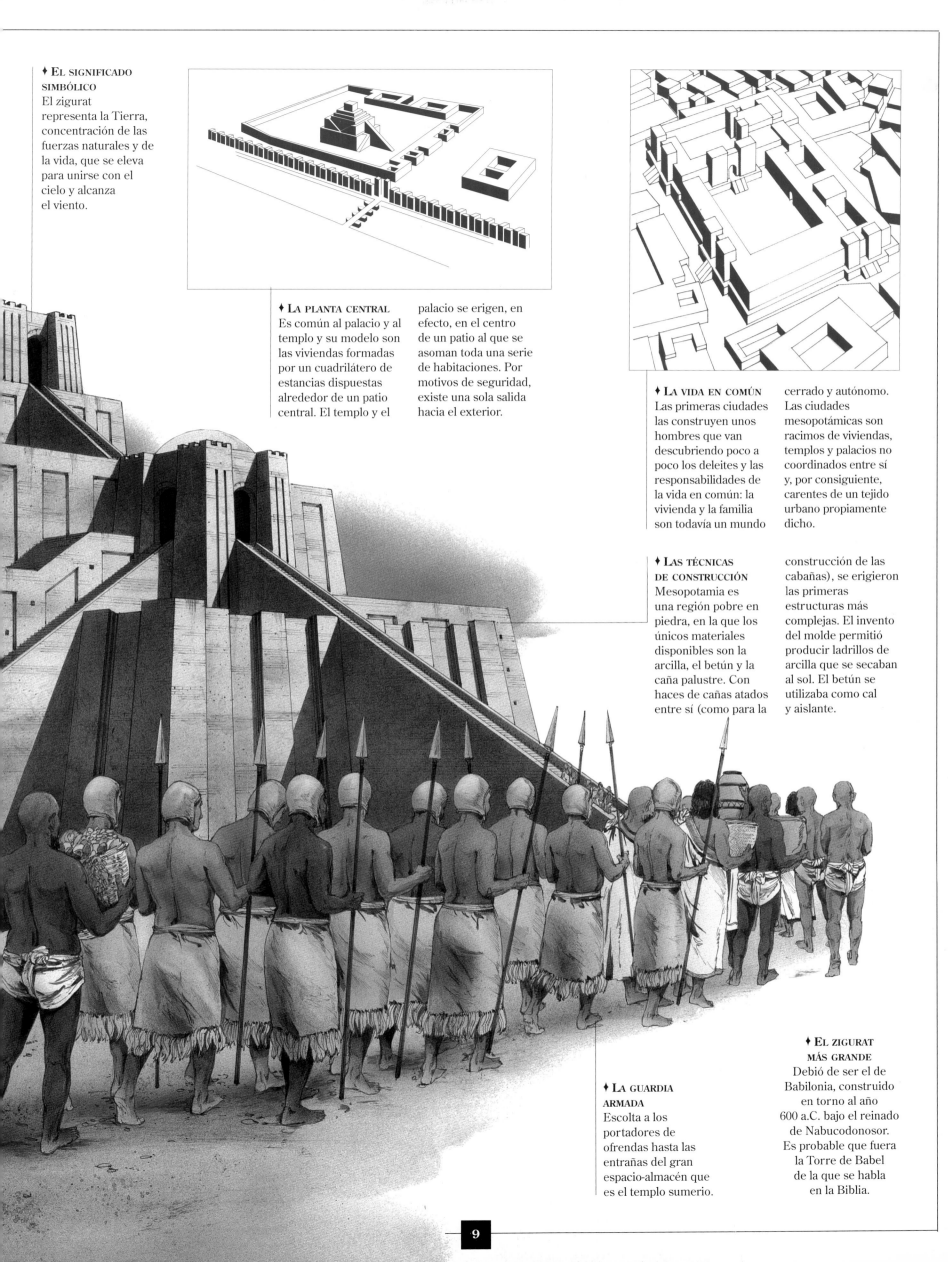

♦ **EL SIGNIFICADO SIMBÓLICO**
El zigurat representa la Tierra, concentración de las fuerzas naturales y de la vida, que se eleva para unirse con el cielo y alcanza el viento.

♦ **LA PLANTA CENTRAL**
Es común al palacio y al templo y su modelo son las viviendas formadas por un cuadrilátero de estancias dispuestas alrededor de un patio central. El templo y el palacio se erigen, en efecto, en el centro de un patio al que se asoman toda una serie de habitaciones. Por motivos de seguridad, existe una sola salida hacia el exterior.

♦ **LA VIDA EN COMÚN**
Las primeras ciudades las construyen unos hombres que van descubriendo poco a poco los deleites y las responsabilidades de la vida en común: la vivienda y la familia son todavía un mundo cerrado y autónomo. Las ciudades mesopotámicas son racimos de viviendas, templos y palacios no coordinados entre sí y, por consiguiente, carentes de un tejido urbano propiamente dicho.

♦ **LAS TÉCNICAS DE CONSTRUCCIÓN**
Mesopotamia es una región pobre en piedra, en la que los únicos materiales disponibles son la arcilla, el betún y la caña palustre. Con haces de cañas atados entre sí (como para la construcción de las cabañas), se erigieron las primeras estructuras más complejas. El invento del molde permitió producir ladrillos de arcilla que se secaban al sol. El betún se utilizaba como cal y aislante.

♦ **LA GUARDIA ARMADA**
Escolta a los portadores de ofrendas hasta las entrañas del gran espacio-almacén que es el templo sumerio.

♦ **EL ZIGURAT MÁS GRANDE**
Debió de ser el de Babilonia, construido en torno al año 600 a.C. bajo el reinado de Nabucodonosor. Es probable que fuera la Torre de Babel de la que se habla en la Biblia.

EL PODER

Los faraones fueron maestros en el arte de impresionar a sus súbditos con la magnificencia de las obras relizadas por sus legendarios arquitectos. Los colosos de piedra como las pirámides, la Esfinge o los templos monumentales reforzaban la identidad entre el poder político y la esfera religiosa. La forma centralizada de poder permitió a los gobernantes del antiguo Egipto organizar el duro esfuerzo exigido por las crecidas del Nilo, y los faraones, vértices del Estado y de una religión basada en el culto del más allá, utilizaron inmensos recursos para construir sepulturas eternas. Las pirámides constituyen la solución adoptada durante el Reino Antiguo y el Medio (2600-1700 a.C.). En un primer tiempo, unas pirámides escalonadas que recuerdan los zigurats, y más tarde otras cuyos lados forman triángulos isósceles. Sustituidas posteriormente por los sepulcros en hipogeo, excavados en la roca, que ofrecían más garantías de seguridad para los tesoros enterrados junto con la momia del faraón, las pirámides han ganado el desafío del tiempo y las arenas del desierto gracias a la incomparable solidez de su construcción, fruto de un enorme esfuerzo y de una pericia extraordinaria. Dice un proverbio árabe: «El tiempo lo desafía todo, pero las pirámides desafían el tiempo».

♦ **EL INTERIOR DEL COLOSO**
La cámara funeraria en la que se coloca el sarcófago que contiene la momia del faraón está inserta en el centro de la pirámide. Se accede a ella a través de complicadas galerías abiertas a otras estancias, cuya función es la de evitar la profanación del sepulcro por parte de los ladrones atraidos por el tesoro.

♦ **LA CONSTRUCCIÓN DE LAS PIRÁMIDES**
El método utilizado por los antiguos constructores egipcios para subir los bloques de piedra sigue siendo un misterio. Los estudiosos se debaten entre hipótesis que contemplan la existencia de distintos tipos de rampas.

LA TERCERA PIRÁMIDE ♦
El faraón Micerino (2490-2472 a.C.), sucesor de Kefrén, hizo construir la tercera y última pirámide de Gizeh, la más pequeña, con sus 105 metros de lado y sus 66 metros de altura.

LOS BLOQUES ♦ DE PIEDRA
Procedían de las canteras de piedra caliza situadas en la otra orilla del Nilo. Se transportaban por medio de embarcaciones y de trineos de madera a lo largo de unas rampas especiales de grava que se desmantelaban en cuanto terminaba la obra.

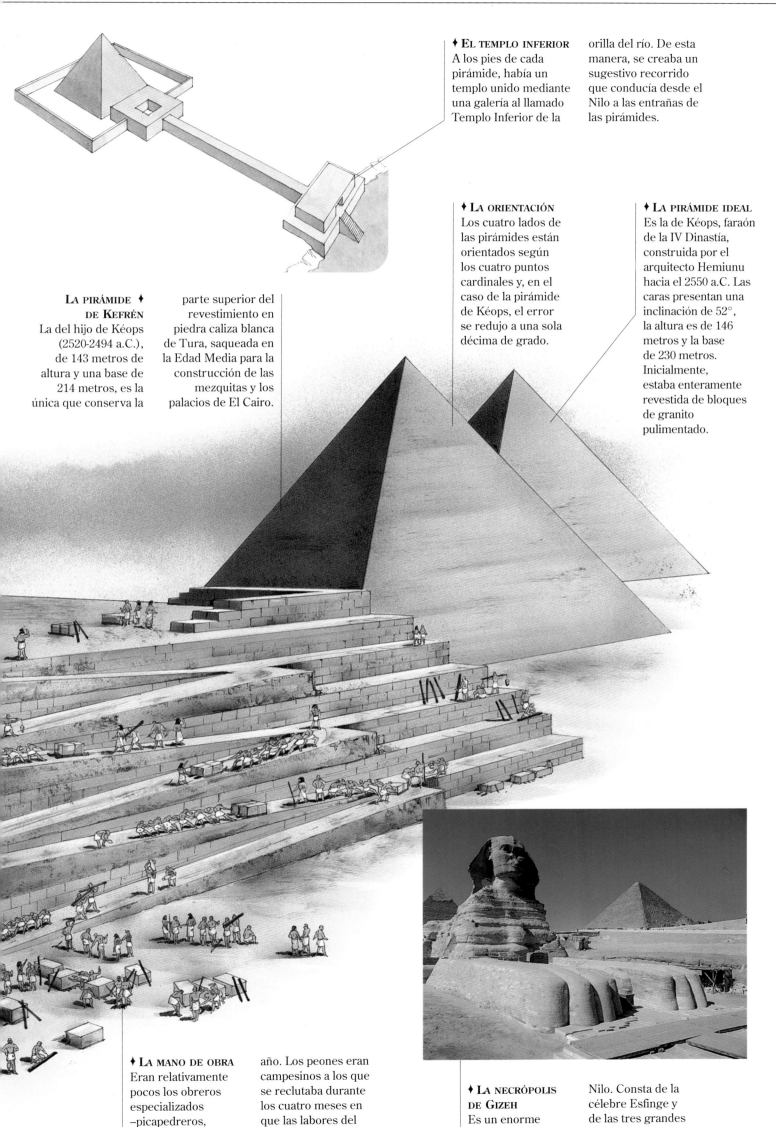

♦ EL TEMPLO INFERIOR
A los pies de cada pirámide, había un templo unido mediante una galería al llamado Templo Inferior de la orilla del río. De esta manera, se creaba un sugestivo recorrido que conducía desde el Nilo a las entrañas de las pirámides.

♦ LA ORIENTACIÓN
Los cuatro lados de las pirámides están orientados según los cuatro puntos cardinales y, en el caso de la pirámide de Kéops, el error se redujo a una sola décima de grado.

♦ LA PIRÁMIDE IDEAL
Es la de Kéops, faraón de la IV Dinastía, construida por el arquitecto Hemiunu hacia el 2550 a.C. Las caras presentan una inclinación de 52°, la altura es de 146 metros y la base de 230 metros. Inicialmente, estaba enteramente revestida de bloques de granito pulimentado.

♦ LOS EGIPCIOS
Toda la arquitectura egipcia se caracteriza por una solemne grandiosidad que corresponde al concepto del poder absoluto del faraón, a quien se atribuían orígenes divinos. La primera pirámide la construyó el faraón Zoser, hacia el 2630 a.C. (arriba, su busto esculpido). Erigida en Saqqara, posee seis inmensas gradas y presenta por tanto el aspecto de otras tantas mastabas superpuestas. La mastaba es un túmulo de ladrillo construido sobre una cripta excavada en la roca y constituye el tipo de sepultura más extendido durante la I y la II Dinastía. Para construir la pirámide de Zoser fue necesario un millón de toneladas de piedra caliza y el trabajo de millares de hombres procedentes, incluso, de tribus y aldeas muy lejanas. Este enorme esfuerzo común contribuyó a crear un primitivo sentimiento nacional en el país recientemente unificado. Imhotep fue el legendario arquitecto que dirigió las obras. Pasado a la historia como el inventor de la gran arquitectura en piedra, trabajó en distintas fases de la pirámide de Zoser. Creó un sistema de contrafuertes que envolvían un núcleo central. Este mismo sistema lo adoptó en otras pirámides posteriores. Actualmente se conocen 47, repartidas por un extenso territorio, pero todas ellas al oeste del curso del Nilo.

LA PIRÁMIDE ♦ DE KEFRÉN
La del hijo de Kéops (2520-2494 a.C.), de 143 metros de altura y una base de 214 metros, es la única que conserva la parte superior del revestimiento en piedra caliza blanca de Tura, saqueada en la Edad Media para la construcción de las mezquitas y los palacios de El Cairo.

♦ LA MANO DE OBRA
Eran relativamente pocos los obreros especializados –picapedreros, escultores y albañiles– que trabajaran todo el año. Los peones eran campesinos a los que se reclutaba durante los cuatro meses en que las labores del campo quedaban interrumpidas por las crecidas del Nilo.

♦ LA NECRÓPOLIS DE GIZEH
Es un enorme conjunto funerario cercano a El Cairo y no muy lejos del Nilo. Consta de la célebre Esfinge y de las tres grandes pirámides de Kéops, Kefrén y Micerino.

EL TEMPLO

En el transcurso de la historia, el arte y la arquitectura de los antiguos griegos se han tomado como modelo de armonía y elegancia. Éstos fueron, en efecto, unos constructores extraordinarios que dedicaron sus investigaciones expresivas principalmente al templo, pues cada pequeña polis griega tenía su templo, de la misma manera que siglos más tarde cada burgo europeo tendrá su iglesia. El más célebre es el de la Acrópolis de Atenas, el Partenón, erigido sobre un cerro que domina la ciudad, cumplimiento y fusión de muchos siglos de expresión arquitectónica y de refinamiento artístico. Morada de los dioses, y no lugar de ritos religiosos de los fieles como la iglesia cristiana, el templo griego se construye siempre en relación con el espacio circundante, delimitado por un recinto sagrado (*themenos*), en cuyo interior la obra de los artistas es una invitación constante a la devoción. El perímetro de este recinto no posee ninguna forma preestablecida, sino que se adapta al terreno, en sintonía con la belleza de la naturaleza circundante.

♦ LA ATENAS DE PERICLES

Con el nacimiento de la democracia a partir del siglo IV a.C., el mundo griego da un paso decisivo en comparación con otras civilizaciones surgidas a orillas del Mediterráneo o en el Cercano Oriente. Por primera vez todos participan en la administración del Estado. Ya no se construyen los fastuosos palacios reales típicos de las monarquías micénicas sino edificios civiles y religiosos, en los que el arte entra en contacto con el pueblo y es presente en la vida cotidiana de los ciudadanos. Atenas es la potencia hegemónica de Grecia cuando, en el siglo V, el sistema-ciudad se impone como un conjunto orgánico y equilibrado, en cuyo funcionamiento participa todo el mundo. Las *poleis* combaten entre sí alineadas con Atenas o con su enemiga Esparta, pero saben coaligarse para derrotar a los persas. Una vez finalizado este conflicto (449 a.C.), el caudillo Pericles –arriba, su busto esculpido–, que gobernó con el título de estratega desde el año 444 al 432 a.C., quiso reestructurar la fisonomía de Atenas utilizando todas las aptitudes y las energías de sus conciudadanos. Fue un período de extraordinario florecimiento económico, filosófico y artístico. De esta manera, se pudo renovar en pocos años toda la Acrópolis, es decir, la parte alta de la ciudad, que, cercada por murallas, pasó a convertirse a lo largo de los siglos de fortaleza a principal lugar de culto.

♦ LA ESTATUA DE ATENA PARTHENOS

Realizada por Fidias enteramente en oro, marfil y piedras preciosas, estaba colocada en la cella del templo, precedida por un pórtico de seis columnas. Mide unos 12 metros de altura y fue objeto de agrias polémicas porque Fidias representó a Pericles y a sí mismo en el escudo de la diosa.

LOS PROPILEOS ♦

Son los pórticos de acceso a los recintos sagrados. En la Acrópolis de Atenas el arquitecto Mnesicles erigió un edificio que sigue la pendiente del terreno. Cuando uno lo cruza, se producen unos efectos de contraste que confieren el máximo realce al Partenón y a los restantes edificios.

♦ COLUMNAS Y CAPITELES
Son los principales elementos arquitectónicos del templo griego y están divididos en tres órdenes. El dórico es el más esencial: las columnas carentes de base y con canaladuras de arista sostienen un arquitrabe no decorado y un friso. El orden jónico es más estilizado, pero también más ornamentado: el capitel presenta unas espirales que recuerdan las caracolas; las columnas poseen una base de pedestal y unas canaladuras separadas por listones planos y sostienen un arquitrabe de tres franjas. En el más tardío orden corintio, todavía más estilizado, el capitel se inspira en las formas vegetales. Utilizado por los griegos, casi exclusivamente en los espacios interiores, fue retomado más tarde por los romanos.

EL FRONTÓN ♦
OCCIDENTAL
Representa con gran dinamismo el combate de Atena contra Poseidón, el dios del mar, por el dominio de la Ática, la región en la que se encuentra Atenas. Participan todas las divinidades y los héroes de la región.

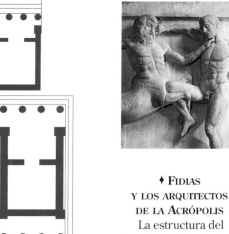

♦ LA PLANTA
DEL PARTENÓN
Los templos griegos más antiguos y sencillos poseen una cámara rectangular precedida por un pórtico. Los más complejos presentan una sala rodeada por columnas. Una solución intermedia es el templo con una columnata en los dos lados cortos.

♦ LA COLUMNATA
Está construida sobre la base de unas proporciones geométricas muy precisas. Los elementos verticales están inclinados hacia el interior y hacia arriba para corregir el efecto óptico de caída hacia adelante. Las columnas de los ángulos son más gruesas porque, recortadas contra el cielo, parecerían más delgadas que las que tienen como fondo la pared de la cella. Los arquitrabes y las cornisas son ligeramente convexos para no parecer curvados en su parte central.

♦ FIDIAS
Y LOS ARQUITECTOS
DE LA ACRÓPOLIS
La estructura del templo es obra de dos arquitectos, Ictino y Calícrates. Pero, para dirigir las obras de la Acrópolis, Pericles llamó al escultor, orfebre y pintor ateniense Fidias, el cual realizó personalmente la ornamentación del Partenón con escenas mitológicas y representaciones de batallas. En el gran friso marmóreo representó en concreto la solemne procesión en honor de Atena. El Partenón es un juego de volúmenes bajo la luz. Se puede contemplar desde posiciones muy variadas, tanto desde la ciudad como desde el interior del recinto sagrado, y los espacios abiertos y cerrados que crean las columnatas y las superficies esculpidas asumen distintos aspectos a lo largo de las horas del día, según las luces y las sombras. El templo griego es, en efecto, una gigantesca escultura pintada. Las piedras que lo integran se cortaban con gran precisión para que las junturas fueran perfectas, pero sólo después del ensamblaje intervenían los cinceladores más hábiles que plasmaban en el mármol las ornamentaciones de los frontones, los capiteles o las canaladuras de las columnas. Finalmente, se realizaban los estucos policromados de los que apenas quedan vestigios. Arriba, una metopa del Partenón.

♦ LA PROCESIÓN
Cada año, a finales de julio, durante los festejos ciudadanos llamados Panateneos, una impresionante procesión salía de la ciudad para transportar a la Acrópolis el lienzo bordado con el que se revestía la estatua de Atena Parthenos (Virgen), protectora de la ciudad. El friso de la cella interior del templo, de 1 metro de altura y 160 de longitud, representa precisamente las distintas categorías de ciudadanos protagonistas del acontecimiento.

EL TEATRO

Los antiguos griegos eran muy aficionados al teatro y, con el mismo cuidado con que construyeron los templos, crearon unos espacios totalmente integrados en la naturaleza y perfectamente adaptados a los espectáculos que en ellos se representaban. En un primer tiempo aprovecharon las pendientes naturales semicirculares en las que el público se colocaba de cara hacia un espacio plano inferior en el que se desarrollaba la acción (el *theatron* es, en efecto, el lugar desde el que se mira). A partir del siglo VI a.C. construyeron unos asientos de madera sostenidos por andamios. Pero el creciente éxito de las representaciones con las que todo el pueblo se identificaba hizo necesaria la construcción de gradas de piedra con mayor aforo y sin peligro de derrumbamientos. El teatro griego, modelo que posteriormente adoptaron y modificaron los romanos, llama todavía la atención por su sencillez y eficiencia.

♦ LOS TEATROS GRIEGOS Y ROMANOS
Tanto en Siracusa, Sicilia, como en Aspendos, Turquía, se conservan ruinas de teatros griegos. En las costas orientales y meridionales del Mediterráneo se conservan, en cambio, restos de teatros construidos o modificados mucho más tarde por los romanos, cuyas exigencias teatrales eran distintas. En Roma, el primer edificio teatral importante fue mandado erigir por Pompeyo en el año 44 a.C. Presentaba una forma semicircular como los teatros griegos, pero se levantaba sobre un terreno más bien plano. Las nuevas técnicas arquitectónicas permitían construir sobre varios pisos para resolver el problema de la visibilidad, incluso en ausencia de pendientes naturales. En efecto, el teatro romano se suele insertar en el espacio urbano y no fuera del mismo como el griego. Pero los romanos, en lugar de la comedia y la tragedia, preferían los grandes espectáculos de acción como las carreras de caballos y de bigas o los sangrientos combates entre gladiadores. Para este tipo de diversiones, que atraían a enormes multitudes, se construyeron unos espacios especiales: los anfiteatros y los circos, inicialmente de madera y más adelante de mampostería. Arriba, el anfiteatro de Arlés, en Francia, con su característica forma elíptica que se desarrolla alrededor de la arena central en la que tiene efecto el espectáculo.

♦ EL ESPECTÁCULO
En el siglo IV, época a la que se remonta el teatro de Delfos, los textos más representados siguen siendo los de los grandes autores de tragedias del siglo anterior: Esquilo, Sófocles y Eurípides. Pero el clima cultural y artístico ya no es el de los mejores años de la democracia ateniense, cuando el espectáculo teatral formaba parte integrante de la vida política de la ciudad.

♦ EL TEATRO DE EPIDAURO
Se encuentra en la Argólida, región sudoriental del Peloponeso. Obra de Policleto el Joven (siglo IV a.C.) se conserva muy bien y posee una acústica perfecta. Tenía cabida para unos 15.000 espectadores dispuestos sobre 55 gradas, 21 de las cuales se añadieron en el II siglo a. C. Todos los demás teatros repartidos por las costas del Mediterráneo se modificaron en la época romana.

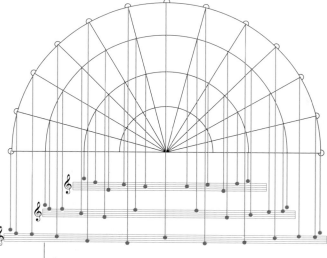

♦ LAS CAJAS ACÚSTICAS
Unos dispositivos especiales, de los que se conservan muy pocos testimonios, permitían amplificar la voz de los actores y aseguraban la propagación de los distintos sonidos musicales.

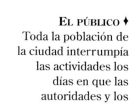

EL PÚBLICO ♦
Toda la población de la ciudad interrumpía las actividades los días en que las autoridades y los personajes más ricos de la ciudad ofrecían las representaciones, en ocasión de los grandes festejos públicos. A los pobres se les ofrecía incluso una ficha de presencia para compensarlos de la pérdida de la jornada laboral.

♦ **LA ESCENA**
Inicialmente se trataba de una sencilla estructura de madera, en la que los actores se cambiaban de máscaras y de vestido; más adelante fue sustituida por un edificio de piedra que servía de escenario y de decorado, convirtiéndose en palacio o templo a los ojos del espectador, según las exigencias del guión.

♦ **LA ORQUESTA**
Es un espacio circular con un diámetro de unos 20 metros, en el que actúa el coro, un conjunto de 15 elementos cuyas danzas y cantos integran, subrayan y comentan la acción que se interpreta en la escena.

♦ **LA CÁVEA**
Es decir, el semicírculo de gradas destinadas a los espectadores, comprendía dos tipos de localidades: en proximidad de la escena se sentaban los notables y los sacerdotes. Otros asientos con respaldo llevaban la indicación de los cargos de los personajes más destacados. Todas las demás localidades estaban destinadas al pueblo. Sólo estaban excluidos los esclavos.

El Imperio

En los siglos II y III d.C., Roma era la capital de un inmenso imperio que se extendía desde Escocia hasta el Golfo Pérsico. La arquitectura romana estaba pensada y realizada como manifestación de este poder. Los palacios, las termas, los templos, los puentes y los acueductos eran otras tantas manifestaciones de la capacidad, la riqueza y la fuerza del Estado. A la masa de los ciudadanos, cada vez más grande y homogénea, se ofrecían grandiosos espectáculos públicos: juegos y combates para los cuales se construían arquitecturas monumentales como los anfiteatros y los circos. Soberbios y espectaculares eran también los desfiles de los ejércitos y cada emperador hizo construir su propio arco de triunfo, bajo el cual pudieran desfilar las tropas que regresaban de las grandes expediciones militares que hicieron la fortuna de Roma.

♦ **EL TRIUNFO**
Junto al Coliseo, el Senado romano mandó levantar un arco en honor de Constantino. En el año 315 el emperador se presenta en Roma con sus tropas y los prisioneros de guerra para celebrar el décimo aniversario de su ascenso al poder.

♦ **EL IMPERIO ROMANO**
En el año 117 d.C. bajo Trajano, alcanza su máxima extensión y abarca toda la cuenca mediterránea y vastas regiones continentales hasta las Islas Británicas.

EL COLISEO ♦
Es el mayor anfiteatro construido en Roma. Deseado por Vespasiano e inaugurado por Tito en el 80 d.C., en él se celebraban los combates de los gladiadores y podía albergar hasta 50.000 espectadores. Los cargos públicos ofrecían los espectáculos para ganarse el favor de los electores y los utilizaban como válvulas de escape para los sentimientos y las tensiones de la multitud.

EL EJÉRCITO ♦
Y LA POBLACIÓN
A comienzos del siglo IV Roma se encuentra en pleno desarrollo demográfico y, por consiguiente, inmobiliario, gracias también a la pacificación religiosa obtenida por Constantino, que acoge la religión cristiana. El ejército, formado por soldados profesionales procedentes de las distintas regiones del imperio, desfila como demostración de su poder, el cual, como en el caso de Constantino, llega al extremo de condicionar la elección del emperador.

LOS FOROS IMPERIALES

El valle situado entre las colinas del Palatino, del Capitolio y del Esquilino había sido saneado en el siglo VI a.C. En un primer tiempo se abrió en aquel lugar un mercado que acabó convirtiéndose en el centro de la vida pública, política y religiosa. Con el paso de la república al imperio, y por voluntad de Julio César, los foros se ampliaron. Se construyó una nueva curia (lugar donde se reunían los senadores) y una nueva basílica (lugar donde se desarrollaban las reuniones públicas y se administraba la justicia), una biblioteca griega y otra latina y un centro comercial de varios pisos.

ELEMENTOS RECICLADOS

Para construir el arco se despojaron de sus ornamentos escultóricos algunos monumentos de la época de Trajano, de Adriano y de Marco Aurelio.

El conjunto de todos estos materiales resulta a pesar de todo homogéneo. Los símbolos y las alegorías divulgan los nuevos conceptos de jerarquización y burocratización del Imperio.

♦ LA COLUMNA TRAJANA

La originalidad de la Columna Trajana, con respecto a otras columnas más antiguas que servían de soporte de estatuas honoríficas, consiste en la disposición en espiral de las ornamentaciones. La representación ilustra las dos guerras dacias ganadas por Trajano en el 101-102 y el 105-106 d.C. Una figura alegórica de la Victoria divide el relato de las dos campañas. Los enemigos están representados con humanidad y casi con simpatía. No sólo las batallas sino también todo el proceso de colonización de la Dacia (la actual Rumania) se describe como en un gran libro de historia esculpido. Entre el año 180 y el 196 d.C., se erigirá una nueva columna en espiral en honor de Marco Aurelio. Otras adornarán más adelante las plazas de Constantinopla. Con el tiempo, se acentúan las intenciones propagandísticas, pero el modelo formal no cambia.

♦ EL FRISO

A media altura, sobre los arcos laterales y los lados menores, un gran bajorrelieve ilustra episodios de la vida de Constantino. Sus gestas se representan con técnicas de perspectiva, que exaltan la figura del emperador mientras pronuncia una alocución en el Foro o bien reparte subsidios después de su victoria sobre Majencio.

ARCOS Y CÚPULAS

Fueron los romanos los que llevaron a su máxima perfección y supieron aprovechar con más sabiduría la técnica constructiva del arco, tal vez conocida ya en tiempos de los sumerios y ampliamente utilizada por los etruscos. De su aplicación derivan los distintos tipos de bóvedas y de cúpulas, todos ellos sistemas de cubierta que permiten realizar grandes espacios ininterrumpidos en los que pueda circular un elevado número de personas. Si la arquitectura griega prefiere las perspectivas rectilíneas y las superficies llenas de detalles, los romanos son, por el contrario, grandes inventores de espacios. Cada civilización de constructores ha estado condicionada por los materiales que tenía a su disposición. Los antiguos romanos, relativamente deficitarios en piedra, introdujeron una novedad fundamental en la técnica de la construcción: el hormigón. Una mezcla de grava o ladrillos desmenuzados y de puzolana (polvo volcánico), que se puede colar para rellenar el intersticio entre dos paredes de ladrillo o de piedra o para realizar bóvedas o cúpulas como en el caso del Panteón, evitando los problemas de las curvaturas, de las juntas y del exceso de peso.

♦ **EL PANTEÓN**
Monumento a todos los dioses, se construyó en la época de Octavio. Hijo adoptivo de César y convertido en emperador con el nombre de Augusto, Octavio ejerció el poder desde el 30 a.C. hasta el 14 d.C. y, con la ayuda de hombres de confianza, colocó todas las artes bajo el control del Estado. Reedificado durante el imperio de Adriano, entre el 118 y el 128 d.C., el Panteón tiene una altura igual al diámetro de la cúpula, de tal forma que el espacio interior resulta casi esférico como representación y símbolo del cosmos. La Roma imperial conoció, en efecto, un excepcional despertar espiritual y el monumento a todos los dioses pretende reunir a todos los ciudadanos adeptos a los múltiples cultos originarios de las distintas regiones del Imperio. Los practicantes de la nueva religión cristiana aborrecerán inicialmente los templos paganos y, hasta el siglo VII, se limitarán a desmontar partes de estos edificios para construir sus propias iglesias. El papa Bonifacio IV en el 609 quiso readaptar el Panteón y mandó trasladar al mismo una gran cantidad de huesos de mártires cristianos procedentes de las catacumbas. La iglesia por él consagrada recibirá por ello el nombre de Santa Maria ad Martyres hasta pasado el año 1000, en que será rebautizada como Santa Maria Rotunda. En la actualidad, el Panteón –arriba, una vista aérea– alberga los restos de Rafael y de los reyes de Italia.

♦ **DE TEMPLO PAGANO A IGLESIA CRISTIANA**
En el 609, un año después de haberlo recibido de manos del emperador bizantino Focas, el pontífice Bonifacio IV encabeza una procesión hasta el interior del Panteón, abandonado desde hacía más de un siglo. Con este rito lo consagra y lo convierte en una iglesia dedicada a los mártires cristianos.

♦ **EL OCULUS**
La iluminación del gran espacio interior está garantizada por el ojo de la cúpula. Un anillo abierto en la parte superior del diámetro de 9 metros, que simbolizaba el Sol y servía de reflector para las estatuas de las divinidades, colocadas en las profundas hornacinas excavadas en la pared circular de aproximadamente 7 metros de grosor.

LA CÚPULA ♦
Para construirla, se levantó un armazón de madera sobre la que se vertió el hormigón. Los artesones que confieren ligereza a la cubierta y acentúan el volumen, se obtuvieron con moldes de madera en escalones que se aplicaron antes del vertido y posteriormente se retiraron.

LAS ESTATUAS ♦ **PAGANAS**
Se retiran de las hornacinas antes de la entrada de la procesión del Papa. Más adelante, serán sustituidas por reliquias e imágenes cristianas.

EL PRONAOS ♦
Por encima del pórtico de entrada de ocho columnas de estilo corintio, un tímpano triangular lleva la inscripción del autor, M. Agripa. El pronaos, preexistente, se conservó como homenaje a la arquitectura sacra de origen griego y sirve para orientar en el espacio urbano el edificio de planta central.

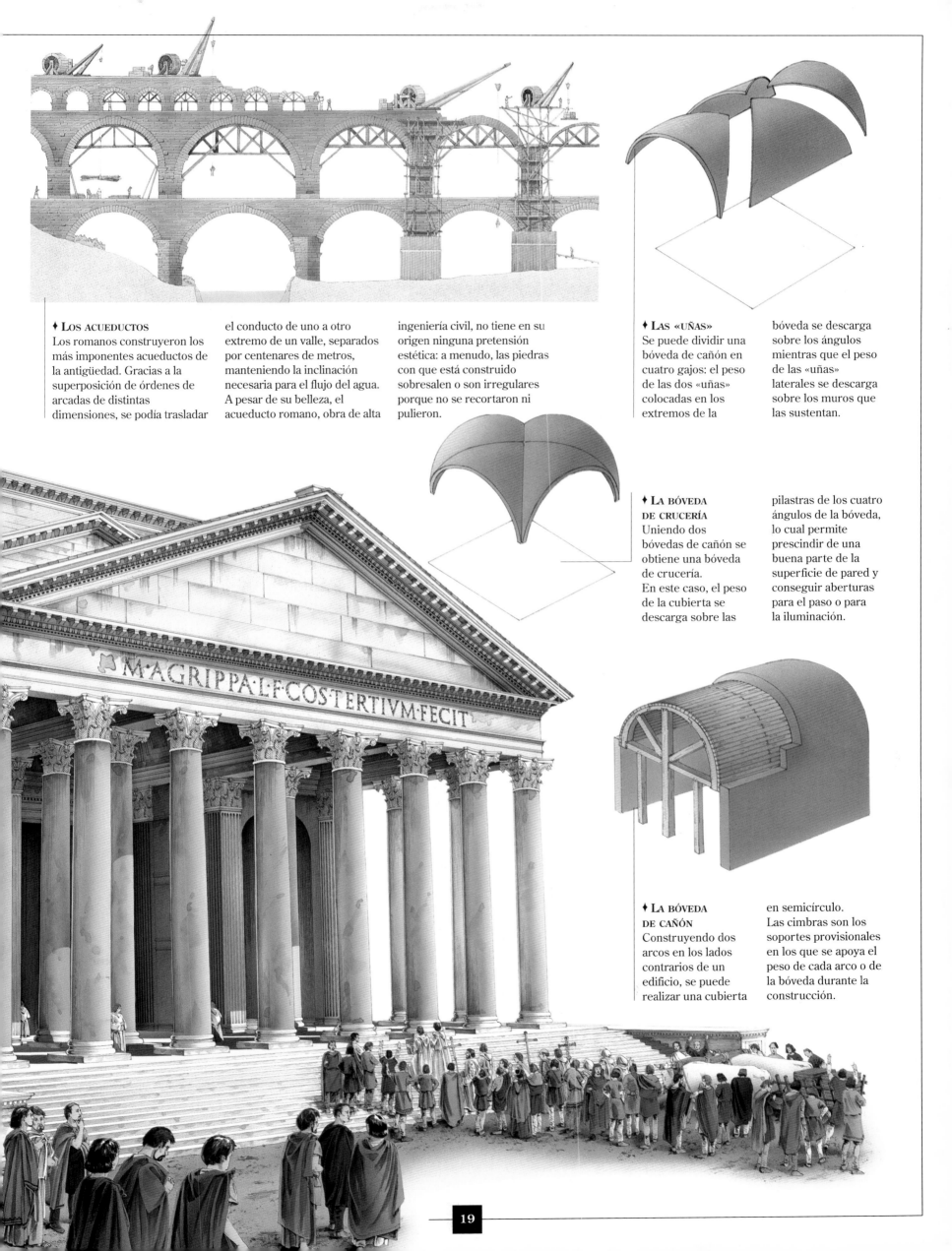

♦ LOS ACUEDUCTOS

Los romanos construyeron los más imponentes acueductos de la antigüedad. Gracias a la superposición de órdenes de arcadas de distintas dimensiones, se podía trasladar el conducto de uno a otro extremo de un valle, separados por centenares de metros, manteniendo la inclinación necesaria para el flujo del agua. A pesar de su belleza, el acueducto romano, obra de alta ingeniería civil, no tiene en su origen ninguna pretensión estética: a menudo, las piedras con que está construido sobresalen o son irregulares porque no se recortaron ni pulieron.

♦ LAS «UÑAS»

Se puede dividir una bóveda de cañón en cuatro gajos: el peso de las dos «uñas» colocadas en los extremos de la bóveda se descarga sobre los ángulos mientras que el peso de las «uñas» laterales se descarga sobre los muros que las sustentan.

♦ LA BÓVEDA DE CRUCERÍA

Uniendo dos bóvedas de cañón se obtiene una bóveda de crucería. En este caso, el peso de la cubierta se descarga sobre las pilastras de los cuatro ángulos de la bóveda, lo cual permite prescindir de una buena parte de la superficie de pared y conseguir aberturas para el paso o para la iluminación.

♦ LA BÓVEDA DE CAÑÓN

Construyendo dos arcos en los lados contrarios de un edificio, se puede realizar una cubierta en semicírculo. Las cimbras son los soportes provisionales en los que se apoya el peso de cada arco o de la bóveda durante la construcción.

LA BASÍLICA

Con el edicto del 313 d.C. el emperador Constantino proclama la libertad de culto para los cristianos, que pueden celebrar finalmente sus propias liturgias fuera de las catacumbas. La Iglesia se convierte enseguida en un importante comitente para los arquitectos que tienen que construir edificios en los que se puedan reunir los fieles. El modelo elegido no es el templo pagano, lugar reservado a las efigies de las divinidades y a la casta de sus sacerdotes, sino el aula basilical que se utilizaba inicialmente como mercado cubierto y más tarde también como tribunal. La planta de este edificio se desarrolla generalmente en sentido longitudinal y presenta tres naves; la cubierta se realiza con viguerías de madera. Una variante está constituida por la planta central, cubierta por una o más cúpulas, y éste fue el esquema adoptado por los constructores de Santa Sofía de Constantinopla, basílica dedicada a la Divina Sabiduría, símbolo de la investidura divina del emperador.

♦ **CONSTANTINOPLA**
En Bizancio, convertida desde finales del siglo IV en capital del Imperio Romano de Oriente bajo el nombre de Constantinopla, se lleva a cabo una original unión de los nuevos principios espirituales, como el cristiano, y de relaboraciones del pensamiento filosófico griego. El arte y la arquitectura bizantina son también herederos de patrimonios culturales incomparables como el griego, el romano y el oriental. Esta fusión de elementos encuentra su expresión arquitectónica en la basílica de Santa Sofía. Según la concepción de sus constructores, a la vida terrenal corresponde una vida ideal en la unidad con Dios, que se puede alcanzar también por medio de la belleza. De ahí que la simetría y el movimiento se conviertan en los principios fundamentales de la arquitectura sacra. Los espacios interiores, bellamente ornamentados, se dilatan y enrarecen por medio de la luz difusa, hasta asumir un carácter de inmaterialidad y trascendencia. Para la construcción de Santa Sofía, dedicada a la Divina Sabiduría y símbolo de la investidura divina del emperador, Justiniano (que reinó desde el 527 al 565) mandó llamar a artistas de todas partes del mundo conocido. Las obras estuvieron dirigidas por Isidoro de Mileto y el gran matemático e ingeniero Antemio de Tralles. Arriba, la nave de Santa Sofía en una litografía.

EL EDIFICIO ♦
La basílica posee una planta casi cuadrada cubierta por una cúpula alargada y dos medias cúpulas laterales con funciones estructurales. Las ventanas que se abren en la base confieren una gran luminosidad al interior. Las paredes están ornamentadas con preciosos revestimientos labrados y mosaicos.

♦ **LA BASÍLICA DE SANTA SOFÍA**
Se construyó tras la destrucción en un incendio, en 532, de un edificio más antiguo.

Con la caída definitiva de Constantinopla (1453), los turcos la convirtieron en mezquita y la rodearon con cuatro alminares.

♦ **LA BASÍLICA DE MAJENCIO**
Una de las pocas de las que se conservan vestigios, se construyó en Roma en el siglo IV d.C. Carece de soportes longitudinales y presenta tres amplias bóvedas de crucería.

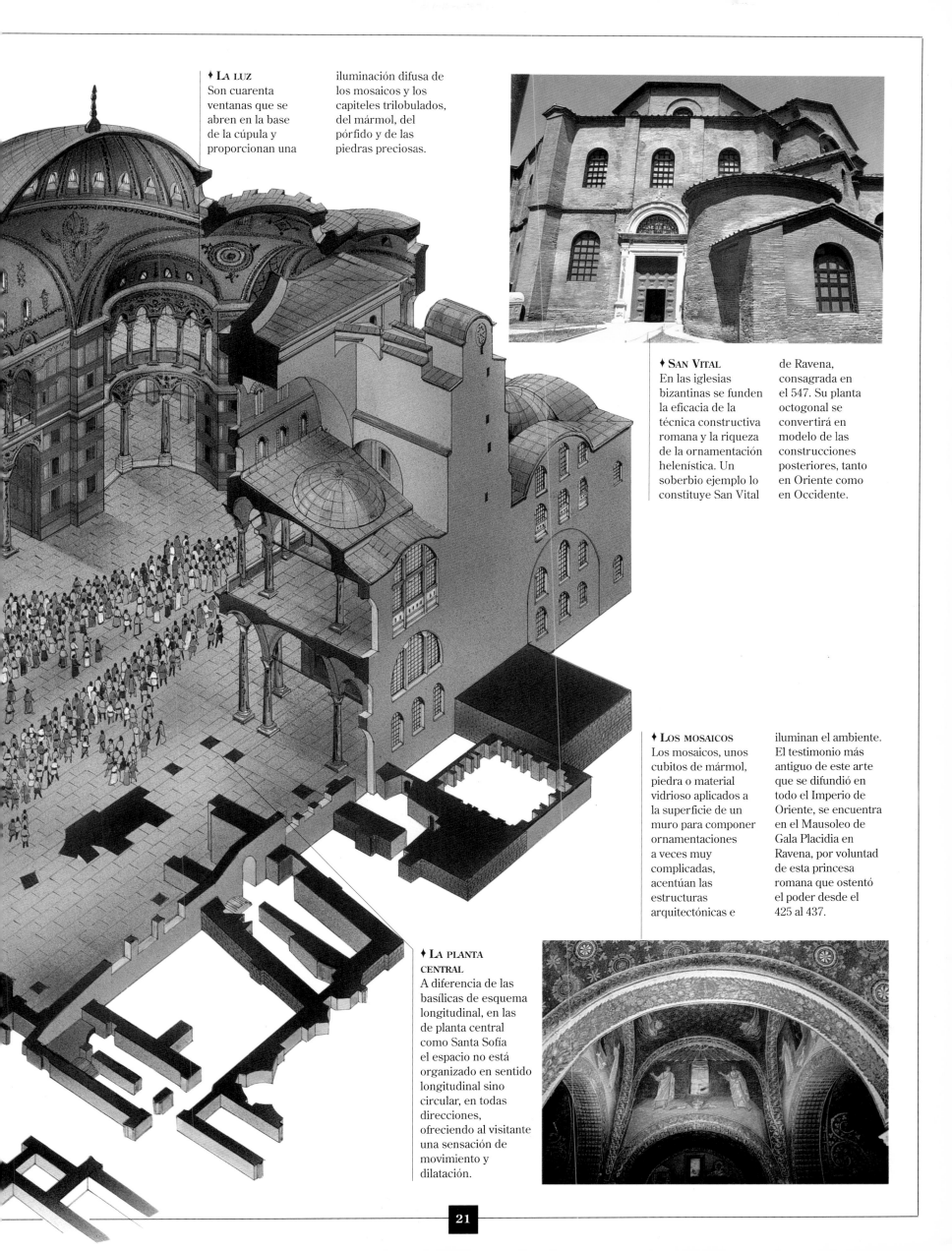

♦ **LA LUZ**
Son cuarenta
ventanas que se
abren en la base
de la cúpula y
proporcionan una
iluminación difusa de
los mosaicos y los
capiteles trilobulados,
del mármol, del
pórfido y de las
piedras preciosas.

♦ **SAN VITAL**
En las iglesias
bizantinas se funden
la eficacia de la
técnica constructiva
romana y la riqueza
de la ornamentación
helenística. Un
soberbio ejemplo lo
constituye San Vital
de Ravena,
consagrada en
el 547. Su planta
octogonal se
convertirá en
modelo de las
construcciones
posteriores, tanto
en Oriente como
en Occidente.

♦ **LOS MOSAICOS**
Los mosaicos, unos
cubitos de mármol,
piedra o material
vidrioso aplicados a
la superficie de un
muro para componer
ornamentaciones
a veces muy
complicadas,
acentúan las
estructuras
arquitectónicas e
iluminan el ambiente.
El testimonio más
antiguo de este arte
que se difundió en
todo el Imperio de
Oriente, se encuentra
en el Mausoleo de
Gala Placidia en
Ravena, por voluntad
de esta princesa
romana que ostentó
el poder desde el
425 al 437.

♦ **LA PLANTA
CENTRAL**
A diferencia de las
basílicas de esquema
longitudinal, en las
de planta central
como Santa Sofía
el espacio no está
organizado en sentido
longitudinal sino
circular, en todas
direcciones,
ofreciendo al visitante
una sensación de
movimiento y
dilatación.

EL HINDUISMO

En el siglo XV, los europeos llamaron «Indias» al vasto territorio que abarca, aparte el subcontinente indio, también Ceilán, Birmania, Indochina e Indonesia, reconociendo en él las características de una sola civilización. En este territorio, en el que se alternan paisajes muy distintos, están diseminados templos, fortalezas, santuarios excavados en la roca y construidos según unos modelos que tienen su origen en los siglos comprendidos entre el IV y el VI d.C., cuando se produjo la unificación de la India septentrional y se afianzaron los grandes sistemas filosófico-religiosos del hinduismo y el budismo. Como en toda Asia, la economía de la India siempre se ha basado en la producción agrícola de los pequeños centros, que no ha favorecido el desarrollo de las grandes ciudades. De ahí que la arquitectura india sea esencialmente sacra, una gran obra pública destinada a fortalecer una religiosidad difusa que constituye el único punto en común entre los dominadores y los súbditos y que ignora la contraposición entre lo sacro y lo profano, admitiendo todo tipo de búsqueda individual de la salvación.

♦ LA PLANTA DEL TEMPLO HINDÚ
Es muy compleja y está llena de significados simbólicos, astronómicos y mágicos. Las formas geométricas fundamentales –el triángulo, el cuadrado y el círculo– se inscriben repetidamente las unas en las otras según un dibujo (*mandala*), que aspira a representar el universo en su unidad y en sus infinitas diferencias.

♦ LOS TEMPLOS MATANGESHVARA Y LAKSHMANA
El gran complejo de templos hinduistas de Khajuraho, en el nordeste de la India, consta nada menos que de 18 edificios sacros construidos entre el 950 y el 1050, concebidos como representaciones místicas del cosmos, de su energía y de sus equilibrios.

LAS ORNAMENTACIONES ♦
Las esculturas y los relieves que adornan los templos de Khajuraho desde la base a la cúspide son célebres porque presentan escenas eróticas extremadamente realistas. Su significado está claro: la vida puede ofrecer innumerables placeres, pero siempre es un paso hacia la dispersión del individuo en el Absoluto.

EL LABRADO ♦
La piedra y los ladrillos cocidos eran labrados por hábiles canteros que les conferían su forma definitiva.

22

La cúpula de paraguas

Es posible que su forma se deba a las más antiguas cubiertas de bambú. Se eleva y se ahúsa con una multiplicación de planos horizontales y de estrías verticales que acrecientan el efecto de ascenso al cielo. En otros lugares, la cubierta presenta forma piramidal o se realiza con bóvedas de cañón.

♦ El corazón del templo

Es una pequeña cella exenta de ornamentaciones y con un solo acceso, en la que se conserva la imagen sagrada. En el caso del templo dedicado a Siva, se trata del *lingam*, símbolo fálico de esta divinidad. Un vestíbulo comunica la cella con una sala más espaciosa para los fieles en adoración. Un pórtico se abre hacia el exterior.

♦ La evolución de los modelos

En los orígenes de la arquitectura religiosa india se encuentran pilastras aisladas rematadas por complejos capiteles (siglo IV-III a.C.) y las *stupas* –arriba, un modelo–, monumentos religiosos en forma de cúpula que simbolizan el cosmos, en los que se conservan las reliquias y cuyas ornamentaciones ilustran episodios de la vida de Buda (siglo II-I a.C.). Son los modelos de los templos construidos a partir del siglo IV d.C., muy variados según las regiones en cuanto a los detalles arquitectónicos y ornamentales, pero todos con estructura ovalada, articulada en torno a una cella central cubierta por una torre. La evolución de esta forma, en los siglos comprendidos entre el VIII al XIV, se centra sobre todo en la multiplicación de las torres y las cúpulas cubiertas por innumerables estatuas, relieves, cornisas y pináculos. De hecho, en las civilizaciones asiáticas, la ornamentación se impone a la arquitectura, que no se considera un arte mayor por su excesiva dependencia de unos conocimientos técnicos y su consiguiente falta de espontaneidad.

♦ La obra

Todas las fases de la construcción estaban supervisadas por los sacerdotes que eran responsables de la armonía de la creación humana con el cosmos, es decir, con la naturaleza y los dioses. Los antiguos textos indios son auténticos manuales para el arquitecto, al que ofrecen unas sólidas bases técnico-artísticas y conocimientos de tipo geológico, mágico e incluso psicológico para dirigir mejor a los obreros. Los constructores de los templos indios son casi siempre anónimos, pero sabemos que estaban organizados en gremios de artesanos itinerantes.

LA MEZQUITA

La mezquita es el centro de la vida religiosa y pública de la gran nación islámica, un lugar de oración utilizado también como foro y como escuela, así como para la administración de la justicia. A pesar de la gran variedad de realizaciones, desde el siglo VII d.C. a la actualidad, el modelo no ha variado. La mezquita consta de una sala de columnas que se asoma a un recinto rectangular como el de la casa en la que se reunían los primeros fieles para escuchar las palabras del profeta Mahoma. Independientemente de las construcciones y de las calles circundantes, el edificio siempre está orientado hacia la ciudad santa de La Meca, meta de peregrinaciones, en cuya dirección los musulmanes dirigen sus plegarias a Alá sin la mediación de imágenes sagradas.

♦ EL ISLAM
A partir del siglo VII una nueva fuerza irrumpe en buena parte del mundo conocido. El profeta Mahoma codifica en el libro sagrado del Corán el culto monoteísta de Alá, y las poblaciones árabes, antiguamente divididas en tribus nómadas, se adhieren rápidamente a un único sistema filosófico, religioso y cultural. Entre los siglos VIII y X, las conquistas y las conversiones determinan la expansión de esta nueva religión sobre una vasta área, que se extiende desde el Atlántico al Asia central, para alcanzar más tarde Nigeria y el mar de China. Contraria al culto de las imágenes, la religión islámica ha mostrado predilección por las ornamentaciones abstractas realizadas con materiales preciosos y el desarrollo creativo de la arquitectura a partir de la emulación de la antigua arquitectura griega, persa y también cristiana. En efecto, en su calidad de pueblo nómada, los árabes carecían originariamente de una tradición arquitectónica propia. Arriba, la mezquita de Kairouan, en Túnez.

♦ LA MEZQUITA DE JERUSALÉN
Erigida hacia el 690 d.C., es el segundo lugar sagrado del Islam. Su planta octogonal deriva de modelos cristianos como el de San Vital de Ravena. Dos pasillos concéntricos permiten deambular alrededor de la roca, sobre la cual el profeta Abraham estaba a punto de sacrificar a su hijo Isaac antes de la intervención del ángel y que fue uno de los lugares del viaje espiritual de Mahoma antes de la escritura del Corán.

♦ LA PRESENTACIÓN
En Lahore, la antigua ciudad capital del actual Pakistán, se levanta la mezquita más grande de Oriente, la Badshahi. Su patio es más grande que la plaza de San Marcos de Venecia y en él se pueden congregar un millón de peregrinos.

EL RECINTO SAGRADO ♦
Delimita un patio en cuyo interior se encuentra la fuente para las abluciones. En países en los que escasea el agua, las pilas de las mezquitas menores crean una red de distribución para la higiene de los ciudadanos.

♦ **EL PALACIO DE LA ALHAMBRA DE GRANADA**
Los árabes se asentaron en el sur de España en la segunda mitad del siglo VIII y permanecieron allí hasta el año 1492. La Alhambra es un fastuoso complejo residencial construido en varias etapas en el siglo XIV. En lo alto de un verde cerro aislado, unos baluartes rematados por 24 torres rodean toda una serie de pabellones, patios y jardines. El eje es el Patio de los Leones. Con sus ricas ornamentaciones, las complejas inscripciones y los juegos de agua constituye una soberbia representación del paraíso coránico.

♦ **EL PÓRTICO**
Desproporcionado en comparación con los soportales, su cornisa con taracea de mármoles y mosaicos azules supera claramente el tejado del edificio.

♦ **LA CÚPULA**
Presenta forma de bulbo y cubre el espacio en el que una hornacina enmarcada por una rica ornamentación señala el centro de la mezquita. Cerca de ella se encuentran un púlpito y un quiosco para la oración del príncipe.

♦ **LOS ALMINARES**
Desde las cuatro torres blancas con cúpulas doradas, los cantos del almuhédano exhortan cinco veces al día a los fieles a la oración.

♦ **EL ALMINAR DE LA GRAN MEZQUITA DE ALEPO**
Construida en el siglo XII, es una torre de piedra, de base cuadrada. Consta de cinco pisos y mide casi 50 metros de altura. Su parte superior está rodeada por una galería abierta, desde la cual el almuhédano –cuya función es a menudo hereditaria– exhorta a los fieles a la oración. Los alminares pueden presentar formas muy variadas según la tradición arquitectónica de los países en los que se construyen. El tipo más común es alto, cilíndrico y de ladrillo.

♦ **LA MULTITUD DE LOS FIELES**
Homogénea en su atuendo y en los gestos que siguen el ritmo de los tiempos de la plegaria, está dirigida de cara a La Meca, donde se conserva la piedra negra. Los fieles que no tienen cabida en el interior de la mezquita se distribuyen en el patio del exterior. Los hombres permanecen arrodillados bajo el sol, mientras que las mujeres, envueltas en sus claros velos, permanecen sentadas a la izquierda de la entrada, bajo la sombra de un alminar.

EL OCCIDENTE CRISTIANO

En torno al año 1000, Occidente, que carece de un centro desde la división del Imperio romano, encuentra su guía en la religión cristiana. Por doquier se construyen edificios de poderosa estructura en piedra que dominan las bajas construcciones de madera de la época, rematados por campanarios visibles desde grandes distancias, punto de referencia para el camino de los peregrinos que atraviesan Europa. La iglesia medieval es la expresión unitaria de las posibilidades espirituales, artísticas, técnicas y artesanas de su tiempo. La característica del organismo arquitectónico románico es el cubrimiento de todo el edificio con bóvedas, los enormes grosores de los muros y las pilastras macizas. El resultado produce una sensación de vacío y severidad. La fase de la construcción, que podía durar varias decenas de años, era un acontecimiento en el que participaba toda la comunidad. Los artesanos ambulantes se desplazaban de obra en obra, llevando consigo relatos de lejanos países. Los fieles, acostumbrados a sus humildes viviendas, podían reunirse finalmente en el interior del impresionante edificio y, a pesar de su analfabetismo, «leer» en las piedras esculpidas las historias de Cristo y de los santos, del Bien y del Mal.

♦ EL ESTILO ROMÁNICO
Durante los llamados siglos del oscurantismo medieval la técnica del trabajo de la piedra, los sistemas de andamios y las reglas de la estática forman un conjunto de conocimientos experimentales que se convierten en patrimonio de los constructores de toda Europa. La iglesia cristiana es la principal obra de construcción y la más notable obra arquitectónica de esta época. Como la catedral de Durham, en Inglaterra, se impone en el paisaje circundante como centro de las entidades urbanas nuevamente en expansión.

LA CATEDRAL ♦ DE DURHAM
Construida a partir del 1083 y consagrada en el 1183, presenta una fachada occidental con dos torres y una gran torre cuadrada sobre el crucero. El grosor de los muros es enorme y las pilastras, macizas. Las naves son muy alargadas, según un modelo cuya máxima difusión corresponde a Francia, pero también a los países germánicos, Italia y España.

♦ LA CUBIERTA
El problema de la bóveda de piedra se afronta y se resuelve rápidamente en el transcurso de pocos decenios, entre el 980 y el 1020. La estabilidad de las bóvedas de la nave principal condiciona toda la estructura y la elección de los materiales. Las naves laterales permiten descargar el peso sobre una base más amplia. La catedral de Durham es la primera construcción en la que las estructuras de soporte de las bóvedas de crucería son unas nervaduras que descargan el peso de la cubierta en puntos aislados, sobre las pilastras de sostén. Cada nave está integrada, por tanto, por varias arcadas, unos espacios definidos por el encuentro de los arcos longitudinales y transversales que sustentan las bóvedas.

♦ LA ESCULTURA
Tras varios siglos de condena de las efigies paganas, la Iglesia vuelve a descubrir hacia el año 1000 las grandes posibilidades educativas de las imágenes. Los pórticos de piedra se esculpen con representaciones de la Salvación y de la Condenación, realizadas con técnicas sencillas, pero repletas de símbolos. En el interior del edificio el fiel también se ve rodeado por relieves que ilustran episodios de la Biblia o de los Evangelios. Así, la Iglesia cristiana vence la resistencia de los miles de cultos paganos que habían sobrevivido desde tiempos muy lejanos. Izquierda, detalle de la portada de Saint-Lazare, Autun.

LA PLANTA ✦

Con la arquitectura románica se impone definitivamente la planta de cruz latina. El espacio interior está generalmente dividido en sentido longitudinal en tres divisiones llamadas naves. En la parte correspondiente al altar, una nave más corta, llamada crucero, se cruza perpendicularmente con las demás.

✦ LAS ABADÍAS

Con la caída del Imperio romano, desaparece la unidad administrativa de Occidente. Los pueblos nórdicos empujan hacia el sur de Europa, y desde el sudeste los musulmanes dejan sentir el peso de una civilización en plena expansión. Desaparece la gran circulación de mercancías de otros tiempos y cada país tiene que arreglárselas por su cuenta, incluso en lo concerniente a su propia defensa. Carlomagno y su dinastía carolingia a partir del 800 tratarán de conferir de nuevo a Occidente una unidad de cultura, lengua y religión. Esta difícil tarea se cumple en los siglos posteriores gracias a la labor de las órdenes monásticas. Los monjes benedictinos crean una red capilar de abadías independientemente de la autoridad que gobierna el territorio. El gran modelo es la abadía de Cluny –arriba– que, entre el año 950 y el 1130, se convirtió en una de las más grandes construcciones medievales. La abadía es un sistema urbano autosuficiente que acoge alrededor de la iglesia y el claustro las viviendas de los artesanos y los campesinos, los establos, los molinos, las almazaras y los graneros. En ellas se hospedan los peregrinos que se dirigen a Roma o a Santiago de Compostela, los principales lugares sagrados de la cristiandad. Allí se conservan, copian y traducen los textos antiguos. Como alternativa a la ciudad, constituyen, por tanto, los verdaderos centros religiosos, culturales y económicos de la Edad Media.

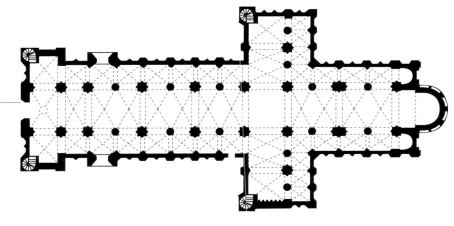

✦ LA CIUDADELA

El impresionante aspecto y el rigor geométrico de la catedral resultan más evidentes debido a su posición en medio de casitas bajas, irregularmente repartidas por una colina rodeada por el meandro de un río que hace las veces de muralla de defensa.

✦ CARACTERES INNOVADORES

La catedral de Durham representa una excepción en Inglaterra, donde por regla general la estructura es de madera y la cubierta de bóvedas sólo es ampliamente utilizada en el posterior período gótico. En efecto, la nave central posee unos embrionarios arcos rampantes que hacen las veces de contrafuertes y son una anticipación de las soluciones estructurales y estilísticas que se adoptarán más adelante.

EL TRIUNFO DE LA IGLESIA

La iglesia románica es sólida e imponente como una plaza fuerte con el fin de ofrecer al fiel un refugio contra el mal. Así pues, a mediados del siglo XII, en Europa, la labor capilar de los monjes y la adhesión de los poderosos al cristianismo ha reducido los cultos paganos a unos vestigios, y la Iglesia puede finalmente mostrarse como la promesa de un paraíso luminoso y espléndido. Una nueva arquitectura, nacida de importantes innovaciones técnicas, es la expresión de este triunfo y también del orgulloso desarrollo de las ciudades. El estilo gótico es la forma más evolucionada que alcanza el arte medieval, el lenguaje común de toda la cristiandad que encuentra en la universalidad de la religión y en la omnipotencia divina la argamasa de todas sus actividades. La catedral gótica alcanza alturas considerables gracias a una osamenta de piedra que no precisa de pesados muros de soporte y permite la apertura de grandes ventanas, a través de cuyas vidrieras de colores el espacio interior y sus ornamentaciones quedan profusamente iluminados.

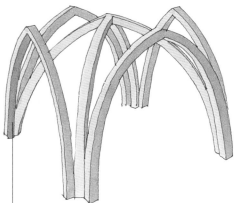

♦ LAS NERVADURAS
Siguen el diseño de los arcos tanto exteriores como diagonales y forman la osamenta de la bóveda de crucería ojival, cuyo peso descargan hasta el suelo. Se trata de una estructura que funciona como las de las actuales construcciones en cemento armado.

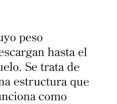

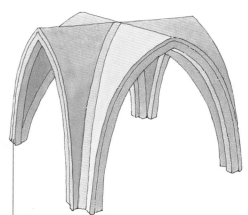

♦ LOS ARCOS OJIVALES
Permiten construir bóvedas de crucería de base no sólo cuadrada (como en el caso del cruce de dos bóvedas de cañón con arcos de medio punto), sino también rectangular e incluso irregular. En efecto, los arcos pueden presentar diámetros distintos, pero alcanzar la misma altura. Se trata de un sistema constructivo ampliamente utilizado en la arquitectura islámica desde el siglo VII.

LAS VIDRIERAS ♦
Las grandes ventanas y el gigantesco rosetón de la fachada están enriquecidos con trozos de vidrio de color insertados en un retículo de hilos de plomo. Con vidrios de colores distintos o bien pintados se crean imágenes sagradas que los rayos del sol hacen resplandecer.

♦ CHARTRES
En una época en la que Europa, dividida en reinos, feudos y ciudades autónomas, ha recuperado una cierta estabilidad política y reanuda su desarrollo económico, la catedral gótica es el orgullo de la comunidad. Las ciudades compiten entre sí en la construcción de edificios cada vez más altos y bellos. La primera piedra de la catedral de Chartres, en la Isla de Francia, se coloca en el año 1194.

♦ EL ESQUELETO
Con el sistema del arco rampante y del contrafuerte exterior el esqueleto del edificio ya no necesita el soporte de gruesos muros: puede elevarse cada vez más y permitir la apertura de amplias ventanas. La nave central de la catedral de Beauvais alcanza nada menos que los 48 metros.

♦ LOS ARCOS RAMPANTES
Poseen un origen anterior, como puntos de sostén que, desde la nave central, descargan una parte del peso en los contrafuertes de las naves laterales. En Durham, por ejemplo, estos soportes están escondidos por el techo.

♦ LOS CONTRAFUERTES
En la arquitectura gótica, el contrafuerte se levanta en el exterior del edificio por encima del nivel de las naves laterales, con el fin de permitir la inclusión de dos o más órdenes de arcos.

♦ LAS CATEDRALES GÓTICAS
La rápida afirmación del nuevo estilo arquitectónico se inicia hacia el 1130 con la reforma parcial de la iglesia abacial de Saint Denis, cerca de París: las masas de los muros se aligeran y se utiliza sistemáticamente el arco ojival. Algo posterior es la construcción de Nôtre Dame, con visibles arcos rampantes y vidrieras cada vez más grandes. Después de otras experimentaciones en distintas zonas de la Francia central, el gótico alcanza la fase clásica, es decir, la madurez de los caracteres estilísticos, con la catedral de Chartres, en la que el arco rampante no se limita a ser un refuerzo, sino que está pensado como elemento necesario de la estructura. En este modelo se inspiran los constructores de la catedral de Reims, la más grande por ser la sede de la consagración de los reyes de Francia. El gótico se difunde posteriormente en Inglaterra como un sistema de ornamentación que genera nuevas soluciones estructurales. Ejemplo de ello son la catedral de Canterbury –arriba– y la abadía de Westminster (1245). El modelo francés llega también a la península ibérica y a Alemania y se sigue reelaborando hasta el siglo XVI. En Italia, su introducción no altera la tradición bizantina y románica.

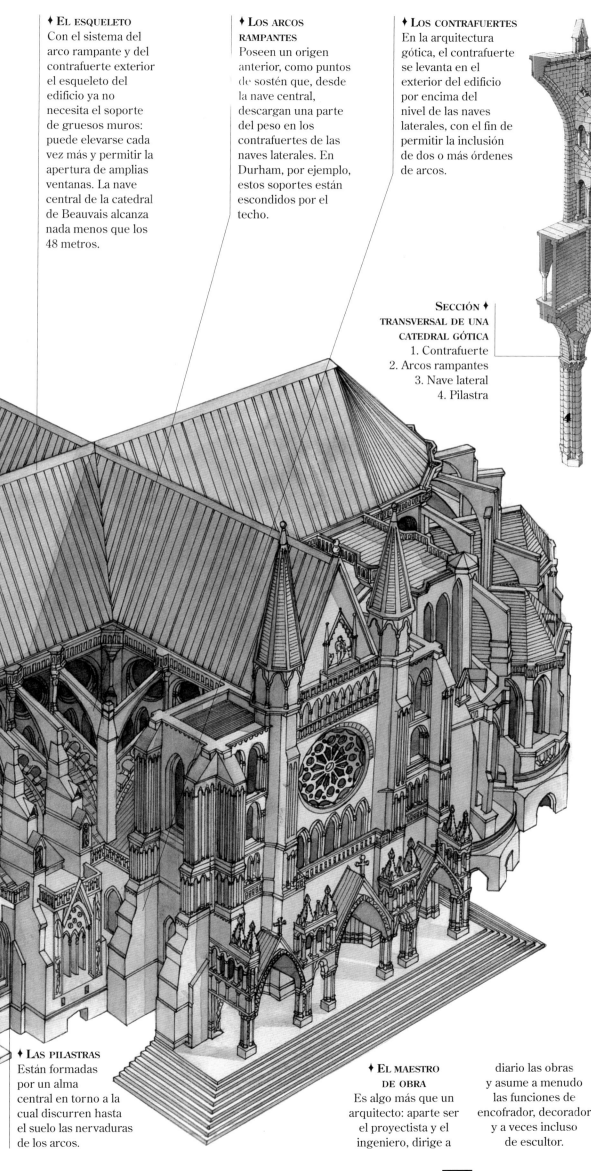

SECCIÓN ♦ TRANSVERSAL DE UNA CATEDRAL GÓTICA
1. Contrafuerte
2. Arcos rampantes
3. Nave lateral
4. Pilastra

♦ LAS PILASTRAS
Están formadas por un alma central en torno a la cual discurren hasta el suelo las nervaduras de los arcos.

♦ EL MAESTRO DE OBRA
Es algo más que un arquitecto: aparte ser el proyectista y el ingeniero, dirige a diario las obras y asume a menudo las funciones de encofrador, decorador y a veces incluso de escultor.

♦ UNOS CÁLCULOS PRECISOS
Y la gran habilidad de los artesanos permitían cortar la piedra según unos precisos esquemas preestablecidos que facilitaban el posterior ensamblaje de los elementos. Por ejemplo, la aplicación de las nervaduras de los arcos ojivales sobre las estilizadas pilastras.

LA DEFENSA

En los siglos IX y X los señores feudales de Europa se hacían construir unas fortificaciones formadas por simples empalizadas de madera rodeadas de fosos para protegerse de las correrías de los bárbaros, que acabaron por disgregar el imperio creado por Carlomagno. A partir del siglo X se empezaron a construir torres de piedra que posteriormente se rodearon de uno o más cercos de murallas, según un modelo que, desde los países del norte, se extendió por todas partes. Estos castillos, colocados generalmente en una elevación del terreno, eran las viviendas fortificadas de la nobleza caballeresca, sede de la administración y la jurisdicción y centro político del territorio. A su alrededor se agrupaban las casas, formando los burgos, que se encontraban bajo la protección del castillo y que, al final, acababan por quedar incluidos en ulteriores cercos de murallas como en el caso de Carcasona, en el sudoeste de Francia. Sin embargo, con el desarrollo de la artillería en el siglo XV, las reglas de la guerra cambiaron y los arquitectos tuvieron que inventar unas murallas fortificadas apropiadas para el nuevo tipo de asedio, que ya no estaba formado por rápidos y repetidos asaltos sino por devastadores bombardeos.

♦ **LOS ESCUDOS DE PIEDRA**
Toda Europa estaba sembrada de construcciones fortificadas por voluntad de los señores medievales en perenne conflicto entre sí. Desde las altas torres era posible mantener un vasto territorio al alcance de las flechas de los arcos, mientras que las murallas permitían resistir los ataques hasta debilitar a los sitiadores. Al rey francés Felipe Augusto (1180-1226) se debe la proliferación de castillos a orillas del Loira, transformados más tarde, en el siglo XV, en fastuosas residencias. Un gran constructor de castillos con cercos de murallas concéntricas fue también el rey inglés Eduardo I (1239-1307), empeñado en controlar a la rebelde población galesa. Las mismas ciudades, que habían reanudado su desarrollo a partir del siglo XI, asumieron el aspecto de fortalezas y se dotaron de cercos de murallas más amplios que englobaban los arrabales. Pero un punto de inflexión en la construcción militar se produjo con la introducción de las armas de fuego y, por consiguiente, de los cañones, hacia mediados del siglo XV: las murallas aumentan su grosor para poder resistir los disparos, disminuyen su altura y se inclinan para ofrecer un blanco más reducido. Se dotan, además, de baluartes, es decir, de unas protuberancias geométricas en sus ángulos, en las que se colocan las piezas de artillería. Al otro lado del foso exterior se construyen grandes terraplenes para ocultar la fortificación y, más allá de éstos, las explanadas que unen la ciudad con la campiña aumentan la visual defensiva. Arriba, el castillo románico de Edingham, Inglaterra.

♦ **PALMANOVA**
En esta fortaleza, mandada construir en el Friuli en 1593 por la República de Venecia, las calles radiales parten de la plaza central exagonal para alcanzar tres de los nueve baluartes y las tres puertas de la ciudad, en proximidad de las cuales se encuentran los cuarteles. El esquema en forma de estrella, concebido inicialmente para la ciudad ideal de los tratadistas renacentistas, encuentra aplicación en otras ciudades militares, como la holandesa de Coevorden.

♦ **LA PLAZA FUERTE DE CARCASONA**
Es una obra maestra del arte militar que ha resistido hasta hoy. Sobre un doble cerco de murallas se asoman unas grande torres cilíndricas con angostas ventanas de aspillera. En el año 1240 el ejército del rey de Francia asedia la ciudad que defiende su independencia, pero tendrá que capitular en octubre del mismo año.

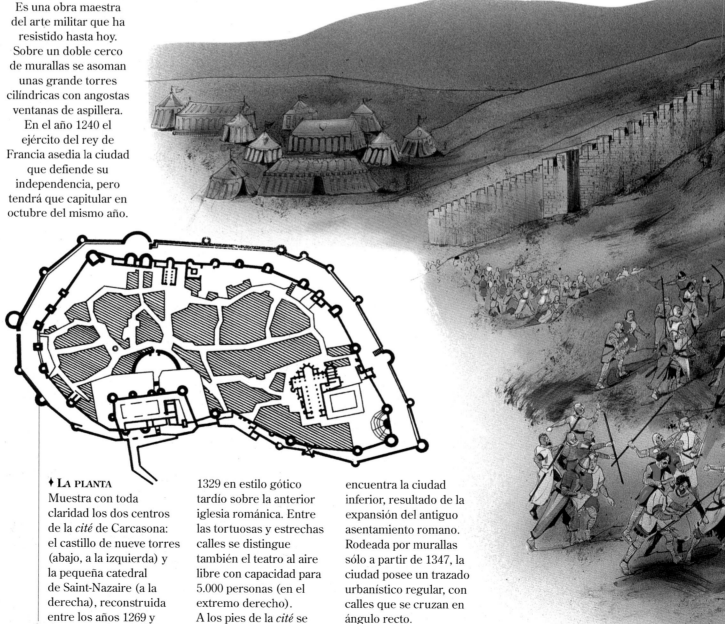

♦ **LA PLANTA**
Muestra con toda claridad los dos centros de la *cité* de Carcasona: el castillo de nueve torres (abajo, a la izquierda) y la pequeña catedral de Saint-Nazaire (a la derecha), reconstruida entre los años 1269 y 1329 en estilo gótico tardío sobre la anterior iglesia románica. Entre las tortuosas y estrechas calles se distingue también el teatro al aire libre con capacidad para 5.000 personas (en el extremo derecho). A los pies de la *cité* se encuentra la ciudad inferior, resultado de la expansión del antiguo asentamiento romano. Rodeada por murallas sólo a partir de 1347, la ciudad posee un trazado urbanístico regular, con calles que se cruzan en ángulo recto.

♦ **EL DOBLE CERCO
DE MURALLAS**
Erigido en los siglos
XII y XIII, ofrece un
camino de ronda
que facilita las
operaciones de

defensa. Con una
anchura de 8 metros,
es una especie
de ciudadela
independiente, con
hornos y almacenes
de víveres.

♦ **LAS TORRES**
De forma cilíndrica o
base octogonal, son en
total 52. Dos de ellas,
enormes y con
espolones, están

situadas a ambos lados
de la puerta Narbonesa,
el único acceso, junto
con la puerta del Aude,
bautizada con el
nombre del río.

EL NUEVO MUNDO

Con la difusión de las armas de fuego, de los cañones y de los nuevos instrumentos de navegación, los europeos iniciaron a partir del siglo XV la conquista del Nuevo Mundo. Descubrieron y aniquilaron en el nuevo continente descubierto por Cristóbal Colón unas civilizaciones avanzadas como las de los mayas y los aztecas, cuyo politeísmo se expresaba en impresionantes complejos monumentales. Los edificios sagrados mesoamericanos presentan, en general, una forma piramidal escalonada, pero, a diferencia de las pirámides egipcias, raras veces contienen sepulcros, están rematados por templos como los zigurats sumerios y poseen unas largas escalinatas muy empinadas. En muchas regiones se cubrían con la construcción de una nueva estructura cada 52 años, es decir, transcurrido el tiempo necesario para la renovación del mundo, según el calendario ceremonial. La astronomía era, en efecto, la ciencia más desarrollada y con frecuencia las pirámides mesoamericanas desempeñaban también la función de observatorios astronómicos.

♦ CIVILIZACIONES DESAPARECIDAS
Cuando, en la primera mitad del siglo XVI, los españoles conquistaron la región mesoamericana, que comprende los actuales estados de México, Guatemala, El Salvador y parte de Honduras, Nicaragua y Costa Rica, en ella florecían unas civilizaciones extraordinariamente avanzadas. La sociedad maya –más antigua y ya en decadencia– al sur y la azteca –más joven y en pleno esplendor– al norte, eran esencialmente agrícolas y tenían en la religión su gran fuerza unificadora. Sus jefes supremos, como los faraones en Egipto, estaban considerados divinidades vivientes y acrecentaban su gloria construyendo majestuosas ciudades, cuyos centros eran lugares de culto y moradas simbólicas de sus innumerables divinidades, una por cada elemento, por cada astro, por cada actividad pública o privada. Al margen de estos centros ceremoniales y siguiendo unos precisos planes urbanísticos, se encontraban los barrios residenciales, con palacios y templos menores, y los barrios populares, en los que cada clan o grupo social tenía su parcela de tierra rectangular. Las distintas ciudades estaban unidas entre sí por medio de un sistema de caminos y canales navegables de gran eficiencia y estaban dotadas de acueductos y sistemas de alcantarillado que funcionaban a la perfección.

♦ EL ÁREA CEREMONIAL DE TENOCHTITLÁN
La capital azteca estaba dividida en cuatro grandes barrios, símbolos de las cuatro direcciones del mundo. Al quinto barrio, el centro ceremonial, estaba reservada la tarea de mantener la unión entre el Cielo y la Tierra. Un cerco de murallas adornadas con serpientes, y con lados de 300 metros de longitud, encerraba seis templos de distintos tamaños, con basamentos piramidales, un estadio para el juego sagrado de la pelota, un altar de sacrificios, la piscina para los baños rituales, escuelas, bibliotecas y viviendas destinadas a los sacerdotes.

♦ UN RITO EN EL CORAZÓN DE LA CAPITAL AZTECA
El emperador azteca ejecuta las danzas rituales en la plaza central de Tenochtitlán (donde hoy se levanta la Ciudad de México), enorme encrucijada comercial a la que acudían incesantemente mercaderes y peregrinos, llamada la Venecia de América por sus innumerables puentes.

LAS DANZAS ♦ SAGRADAS
Dedicadas a las diosas de la Tierra, duraban varias horas. El que se equivocaba con los pasos era condenado a muerte según un cruel ritual.

♦ **EL CULTO**
A LA DIVINIDAD
La mayor parte de
los templos estaban
dedicados al culto
del Sol. Los ritos se
celebraban al pie
del templo, pues
sólo los sacerdotes
tenían acceso a
la imagen de la
divinidad.

♦ **LOS MATERIALES**
Las construcciones
eran de ladrillo
secado al sol y de
argamasa. Las
coberturas de
piedra se estucaban
para asegurar la
protección de
los edificios.
La sistemática
destrucción que
llevaron a cabo los
conquistadores
españoles bajo el
mando de Hernán
Cortés dejó muy
pocas ruinas en pie.

El Renacimiento

El redescubrimiento y el estudio sistemático de las obras de la antigüedad clásica consideradas un modelo de civilización y la idea según la cual el universo es el reflejo inmutable y perfecto de la armonía divina son los presupuestos del arte renacentista. Las leyes de la perspectiva formuladas en esta época y la difusión de la geometría hacen posible el pleno control de las proporciones, la simetría y la regularidad de los edificios. Son los instrumentos que utilizan los artistas del Renacimiento para comprender y dominar los estilos de la antigüedad y el espacio urbano en el que estos estilos se aplican y reelaboran de forma original. Florencia, ya desde principios del siglo XV, se convierte en el centro del resurgimiento artístico y arquitectónico, gracias a los gremios de artes y oficios que lo administran bajo el control de la acaudalada familia Médicis. La cúpula de la catedral de Santa Maria del Fiore, construcción de extraordinaria trascendencia cultural, técnica y simbólica, es obra de Filippo Brunelleschi, el arquitecto más importante de su tiempo.

♦ LA CUNA DEL RENACIMIENTO

A principios del siglo XV, la aristocracia mercantil alcanza en Italia una riqueza y un poder sin precedentes. En Florencia, la familia de los Médicis dirige las elecciones del gobierno de la ciudad y se convierte en promotora de grandes obras públicas por motivos de prestigio, tanto internos, dado que el pueblo de Florencia es su principal beneficiario, como externos, pues las distintas cortes italianas rivalizan por la conquista de la supremacía económica y cultural. En este clima de efervescencia, mientras las obras en el tejido urbano se suceden a un ritmo jamás alcanzado, se forjan algunos de los principales artistas del Renacimiento: Masaccio, Brunelleschi –arriba–, Alberti y, más tarde, Leonardo y Miguel Ángel. Al año 1450 corresponde el primer tratado que aspira a superar al *De Architectura* de Vitruvio, tomado hasta entonces como modelo. Se trata del *De re aedificatoria* de Leon Battista Alberti (1404-1472), en el que los elementos sacados de la arquitectura clásica se asumen a modo de palabras de una lengua cuya gramática se define con el máximo rigor. Le sucederán en el siglo siguiente los textos de Andrea Palladio (1508-1580), punto de referencia de los arquitectos hasta el siglo XIX.

♦ LA CATEDRAL DE FLORENCIA

Iniciada en el 1296 por Arnolfo di Cambio, fue una enorme obra en construcción a lo largo de un siglo y medio. Al célebre campanario dedicó sus esfuerzos Giotto, nombrado maestro de obra en el 1334, pero hubo que esperar al año 1418 para aprobar el proyecto de la inmensa cúpula que tenía que rematar la obra. El concurso lo ganó Brunelleschi y los trabajos empezaron en 1420.

♦ LA FACHADA DE SANTA MARIA NOVELLA

Obra de Leon Battista Alberti, es un claro ejemplo de su concepto de la belleza como armonía entre las partes. Al modelo gótico Alberti superpone una parrilla de órdenes arquitectónicos, según un esquema proporcional basado en el cuadrado. La simetría consiste en la igualdad entre las dos mitades del edificio con respecto al eje medio en el que está situada la entrada.

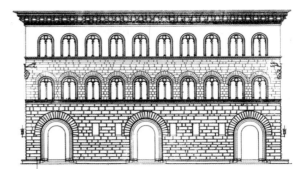

♦ EL PALACIO MÉDICIS-RICCARDI

Obra de Michelozzo (1396-1472), gran arquitecto de las residencias de los Médicis, es el prototipo del palacio florentino. Organizado en torno a un patio cuadrado, presenta una fachada de tres niveles con ventanas iguales y alineadas con los pisos superiores. La regularidad y la pulcritud formal son ejemplares.

LA ESTRUCTURA ♦ EN NIDO DE ABEJA

Para cubrir el hueco octogonal de 43 metros de diámetro, Brunelleschi ideó un doble casquete integrado por 8 nervaduras mayores y dos intermedias por cada división, con un refuerzo de arcos horizontales. El espacio entre el casquete exterior y el interior confiere grosor sin añadir peso.

LAS PAREDES ♦

Están constituidas por bloques de piedra en la parte inferior y ladrillos en la superior. El sistema de ensamblaje en «espinapez» hace que cada anillo de piedra o de ladrillo se sostenga por sí mismo en cada fase de la construcción, evitando con ello el uso de enormes y costosas cimbras.

**EL FARO ◆
DE LA CIUDAD**
El cimborrio y la cúpula
son gigantescos y no
están en proporción con
la anchura de las tres
naves sino más bien
con el paisaje

circundante. La
catedral es un punto
de referencia visible
incluso desde las
colinas de los
alrededores y se
convierte en el símbolo
de la ciudad.

◆ EL REVESTIMIENTO
La cúpula consta
de ocho secciones
triangulares arqueadas
sobre las nervaduras
de mármol blanco y
cubiertas de tejas rojas.
El vigoroso impulso
hacia el cielo puede
recordar el estilo
gótico, pero el
resultado total del
ritmo de las superficies
y los colores es
más elegante.

**◆ EL ACOPLAMIENTO
SOBRE EL CUERPO
DE LA CATEDRAL**
La cúpula cubre la
intersección del
crucero y las tres
naves de bóveda de
crucería, creando tres
ábsides cubiertos a su
vez por semicúpulas
octogonales. Las
amplias ventanas
circulares del
cimborrio iluminan
profusamente el
interior.

**◆ FILIPPO
BRUNELLESCHI**
(1377-1446)
Brunelleschi extrae
de los edificios de la
antigüedad clásica cada
uno de los elementos
del lenguaje
arquitectónico, pero
los combina con
extraordinaria libertad y
maestría. El método de
representación de la
perspectiva que elabora,
sistematizado más
adelante por Alberti,
tiene precisamente la
misión de definir e
ilustrar sobre las dos
dimensiones de una
hoja de papel las formas
y dimensiones de un
espacio tridimensional
con la máxima
precisión. Gracias
al método de la
perspectiva es posible,
por tanto, representar
un espacio existente,
del que se conozcan las
medidas y las distancias
recíprocas con el fin de
facilitar su estudio; o
bien prefigurar el
aspecto de un edificio
todavía no construido.
Brunelleschi asume
personalmente la
responsabilidad del
proyecto de las partes y
del conjunto, rompiendo
de este modo con la
tradición medieval de la
obra colectiva de los
artesanos especialistas.
Brunelleschi está
siempre presente en la
obra e imparte a los
obreros una auténtica
lección de razonamiento
y de método. De esta
experiencia deriva
también la primacía
de los arquitectos
florentinos, apreciados
durante mucho tiempo
en toda Europa.
Entre las obras de
Brunelleschi que, en el
transcurso del siglo XV,
confieren un nuevo
rostro a Florencia, la
capilla de los Pazzi,
arriba.

LAS CIUDADES

En la Europa medieval, los castillos y los monasterios fueron las principales formas de asentamiento hasta el siglo X, cuando florecieron de nuevo el comercio y la vida urbana. Entonces las ciudades se desarrollaron espontáneamente alrededor de los edificios más representativos: la catedral, el palacio comunal, los soportales del mercado y las basílicas de las órdenes monásticas. Rodeadas de murallas, se vieron inicialmente obligadas a aumentar el tamaño de los edificios en sentido vertical para hacer frente al incremento demográfico que se había iniciado en el siglo XI. Más adelante, entre los siglos XIII y XIV, se dotaron de cercos de murallas más amplios y alcanzaron unas dimensiones que ya no variaron hasta que, con la revolución industrial, surgieron las primeras metrópolis. A partir del siglo XV, las más prósperas ciudades italianas se embellecieron con edificios construidos según los principios de la arquitectura renacentista, mientras aumentaba el debate teórico acerca de la organización ideal de todo el conjunto urbano. Muy pocas y parciales fueron las actuaciones en este sentido y entre ellas destaca el caso de Pienza, cuyo núcleo se reconstruyó por voluntad de un papa que quiso mejorar su funcionalidad y su valor representativo.

♦ **EL NACIMIENTO DEL URBANISMO**
El arquitecto romano Vitruvio había descrito en su tratado *De Architectura* una ciudad ideal de esquema circular con un foro central, lugar de los principales edificios públicos. Sobre esta autorizada base trabajarán numerosos artistas renacentistas. A Filarete (1400-1465) se debe el proyecto de una ciudad dedicada a Francesco Sforza: una red de canales y calles que conectan sistemáticamente plazas, palacios, murallas y puertas sobre una planta en forma de estrella. Pero no sólo se abordan problemas de estética, resueltos con soluciones utópicas, sino también de higiene y funcionalidad de las distintas actividades sociales, productivas y administrativas. Durante su estancia en Milán, Leonardo se ocupa de problemas de circulación y, con el diseño de la ciudad de Ímola, realiza el primer relieve topográfico preciso. Entre el 1493 y el 1510, el duque Ercole de Este y su arquitecto Biagio Rossetti –arriba, su palacio del Diamante–, conciben y llevan a cabo una radical reorganización. En la parte nueva de la ciudad las anchas calles adoquinadas se entrecruzan en ángulos rectos y los muros de ladrillo de los bajos y alargados edificios hacen las veces de bordes. El centro se concibe como una encrucijada. En Roma, entre 1538 y 1564, Miguel Ángel proyecta la nueva ordenación de la colina del Capitolio, poniendo en comunicación el área monumental con los barrios modernos.

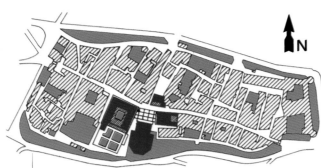

♦ **EL BURGO AGRÍCOLA DE CORSIGNANO**
Transformado en la ciudad papal de Pienza, está situado en posición elevada y se asoma al valle de Orcia, no lejos de Siena. La antigua arteria principal se curva a la altura de la plaza, obligando a Rossellino a orientar las nuevas construcciones de forma no ortogonal.

ENEA SILVIO PICCOLOMINI ♦
(1405-1464)
Refinado intelectual y mecenas atento a las novedades culturales de la época, se convirtió en papa con el nombre de Pío II en 1458.

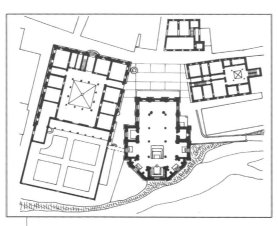

♦ **LA DISPOSICIÓN**
Rossellino rediseña por orden de Pío II todo el centro urbano. No sólo la catedral sino también el palacio episcopal –a la izquierda–, el comunal –a la derecha–, la plaza y las conexiones con las calles preexistentes. Pero no altera la ordenación medieval.

♦ **PIENZA**
El humanista Enea Silvio Piccolomini, una vez convertido en papa, transformó su localidad natal en la ciudad de Pienza. En 1459 encarga a Bernardo Rossellino, perteneciente a la escuela de Alberti, la construcción de un centro monumental.

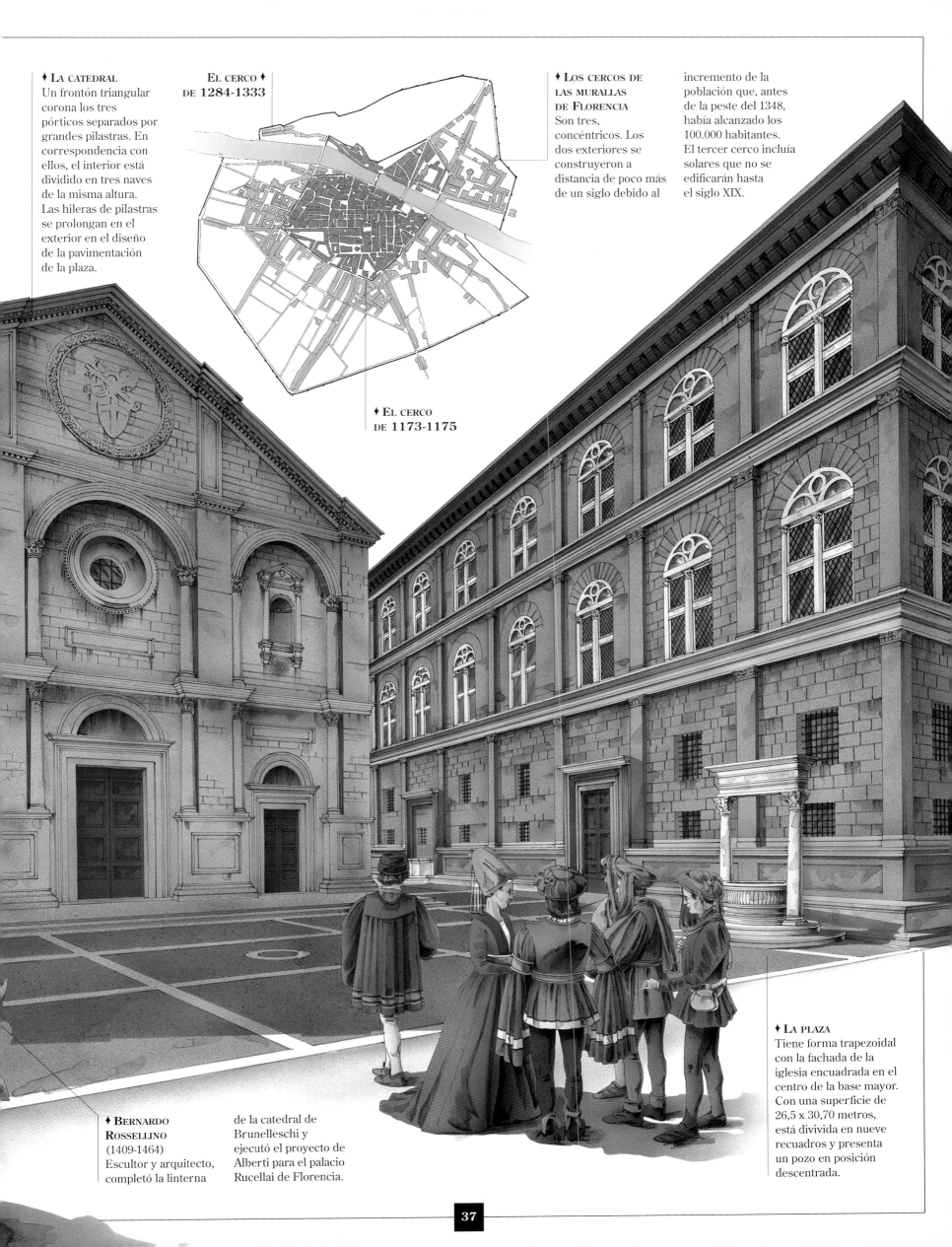

♦ **LA CATEDRAL**
Un frontón triangular corona los tres pórticos separados por grandes pilastras. En correspondencia con ellos, el interior está dividido en tres naves de la misma altura. Las hileras de pilastras se prolongan en el exterior en el diseño de la pavimentación de la plaza.

EL CERCO ♦ DE 1284-1333

♦ **EL CERCO DE 1173-1175**

♦ **LOS CERCOS DE LAS MURALLAS DE FLORENCIA**
Son tres, concéntricos. Los dos exteriores se construyeron a distancia de poco más de un siglo debido al incremento de la población que, antes de la peste del 1348, había alcanzado los 100.000 habitantes. El tercer cerco incluía solares que no se edificarán hasta el siglo XIX.

♦ **BERNARDO ROSSELLINO** (1409-1464) Escultor y arquitecto, completó la linterna de la catedral de Brunelleschi y ejecutó el proyecto de Alberti para el palacio Rucellai de Florencia.

♦ **LA PLAZA**
Tiene forma trapezoidal con la fachada de la iglesia encuadrada en el centro de la base mayor. Con una superficie de 26,5 x 30,70 metros, está divivida en nueve recuadros y presenta un pozo en posición descentrada.

Sobre el agua

Entre los siglos VI y VII, bajo el empuje de las invasiones de los bárbaros, las poblaciones de las ciudades romanas de las costas vénetas del mar Adriático se trasladaron a una zona lagunera en cuyo centro se desarrollaría en pocos siglos el más grande emporio mercantil de Europa: Venecia. Un ejemplo no superado de ciudad construida sobre el agua, entre tortuosos canales y lenguas de tierra. La madera de tierra adentro es el material con el que se construyen los cimientos de los edificios: unas estacas clavadas en un estrato compacto de arena y arcilla colocado por debajo del barro removido por las mareas sostienen unas balsas de tablas, sobre las cuales se construye posteriormente con bloques de piedra y materiales reciclados. Hay también elementos de madera en puntos estratégicos de las construcciones, destinados a absorber elásticamente los derrumbamientos parciales. El Puente de Rialto, del siglo XVI, es un ejemplo de los sistemas constructivos elaborados por los venecianos para arrancar a la laguna superficies edificables.

✦ LAS TIENDAS

Finalizada la estructura, se empiezan a reconstruir las dos hileras de 24 tiendas de 4,5 metros de anchura. Con pilastras estilizadas y amplias arcadas que les confieren una especial ligereza. En el centro hay dos pórticos con bóveda de cañón de ladrillo para descansar o transitar.

✦ LOS ORNAMENTOS

Se decidieron posteriormente y se realizaron más tarde, a diferencia del resto de la estructura, sobre la base de las indicaciones de los tratados, como, por ejemplo, la cornisa de 70 cm de altura que corona el único arco.

EL MACHÓN ✦

Que sostiene el puente mide 10,2 metros de anchura y 23 metros de longitud y está construido con cinco mil bloques de piedra, ladrillos y argamasa de la mejor calidad, procedentes de la cercana ciudad de Padua. Para la construcción del nuevo puente, se recuperó material, como madera y metal, de las antiguas construcciones destruidas.

✦ EL PUENTE DE RIALTO

Se construyó con la decisiva aportación de brigadas de artesanos especializados sobre el proyecto y bajo la dirección de un capataz, Antonio da Ponte, y no de un arquitecto reconocido por las Academias que en el Renacimiento habían codificado las formas arquitectónicas. Fue la victoria de la práctica sobre la teoría de la arquitectura.

El Arsenal de Venecia había puesto a disposición una barcaza que servía de obra de apoyo bajo el puente.

♦ **EL BARRIO DE RIALTO**
Asomado a la orilla derecha del Gran Canal, ha sido durante muchos siglos el núcleo comercial de Venecia. Se trata de una isla que ya desde el siglo IX se consolidó como el centro del organismo urbano en expansión. El puente que la unía al resto de la ciudad se quemó en el transcurso de un espantoso incendio que en el año 1514 destruyó el primitivo mercado de madera. El gobierno de la Serenísima necesitó más de setenta años y el examen de muchos y controvertidos proyectos para decidir la construcción de un nuevo puente.

♦ **LOS PUENTES EN LA HISTORIA**
Los primeros puentes de madera, construidos con vigas que atrevesaban la corriente de agua, se remontan al año 4000 a.C. El puente de arco tuvo su origen en Mesopotamia y un gran desarrollo con los romanos. En los bajorrelieves de la Columna Trajana se representa el puente construido sobre el Danubio, el más largo de la antigüedad (1 km), con 25 arcadas de madera apoyadas sobre pilastras de piedra. En la Edad Media, la Iglesia, depositaria de los conocimientos romanos, fue la encargada de construir puentes y, a tal fin, surgieron unas órdenes especiales de frailes (*fratres pontifices*). A ellos se deben los puentes de Aviñón y de Londres de finales del siglo XII. En el Renacimiento, la construcción de puentes volvió a convertirse en una gran empresa de ingeniería civil y, al mismo tiempo, en una demostración de genio artístico. Al siglo XVI se remontan el armonioso puente de Santa Trinita de Florencia, con tres arcadas y el Pont-Neuf de París, ambos de piedra. Con la llegada de la edad de la Razón, en el siglo XVIII, la construcción de puentes se confió definitivamente a los ingenieros y, en el año 1747, surgió en París la primera escuela especializada. A partir del siglo XIX, con la introducción de nuevos materiales, se han podido construir puentes colgantes de gran longitud, como el Golden Gate de San Francisco, arriba.

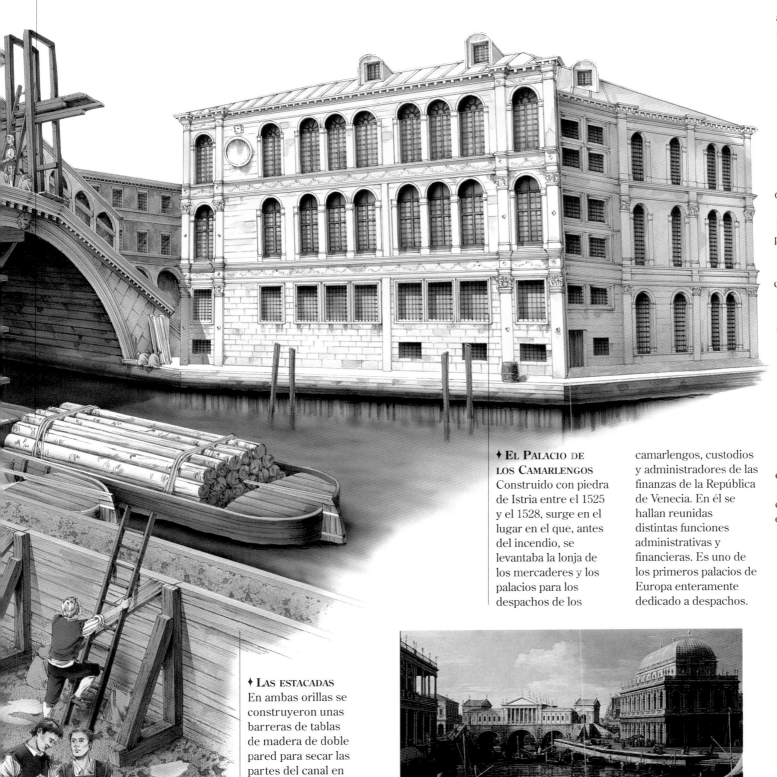

♦ **EL PALACIO DE LOS CAMARLENGOS**
Construido con piedra de Istria entre el 1525 y el 1528, surge en el lugar en el que, antes del incendio, se levantaba la lonja de los mercaderes y los palacios para los despachos de los camarlengos, custodios y administradores de las finanzas de la República de Venecia. En él se hallan reunidas distintas funciones administrativas y financieras. Es uno de los primeros palacios de Europa enteramente dedicado a despachos.

♦ **LAS ESTACADAS**
En ambas orillas se construyeron unas barreras de tablas de madera de doble pared para secar las partes del canal en las que se tenían que apoyar los espaldones del puente, es decir, los soportes de la estructura (el andamiaje) que sostiene el plano de la calle.

♦ **LA ALTERNATIVA NO REALIZADA**
Andrea Palladio había presentado un proyecto en 1550-54. Más conforme con el gusto renacentista, preveía tres arcos y un templete erigido en el punto más alto.

CONTRA LOS TERREMOTOS

En el archipiélago japonés el hombre no ha utilizado jamás cuevas o refugios bajo la roca, y ya desde la edad de la piedra utilizó cabañas en los sotos, en proximidad de los ríos y en los bosques. A pesar del clima frío, la arquitectura japonesa se desarrolló sobre la base de estas premisas, adoptando la abundante madera como principal material y realizando estructuras ligeras y abiertas. La aparente precariedad de estos edificios redunda, en realidad, en su beneficio: estas elásticas construcciones tan integradas en el paisaje soportan muy bien los terremotos y los ciclones tan frecuentes en todo el archipiélago y, en caso de destrucción, la pérdida tiene fácil remedio.

♦ LA CEREMONIA DEL TÉ
Es un ritual de meditación introducido por los maestros zen. Se desarrolla en una sala especial que dio lugar a unos sencillos y tranquilos edificios que influyeron en el concepto de la arquitectura residencial.

♦ VILLA KATSURA
Construida en una posición aislada al sudoeste de Kyoto, en el corazón del Japón, es una obra maestra que se remonta a la primera mitad del siglo XVII. En el jardín que la rodea se encuentran repartidos cinco pabellones para la ceremonia del té.

LA FUNCIÓN ♦
La villa es una de las residencias campestres de una noble familia japonesa y, como tal, está concebida para ofrecer paz y sosiego a los visitantes. El edificio se desarrolló a partir de una sala de reunión y de lectura, provista de cuarto de baño y cocina. A ella se añadieron, en el transcurso de escasas décadas, una nueva sala de lectura y meditación, un ala dedicada a la música y una parte residencial.

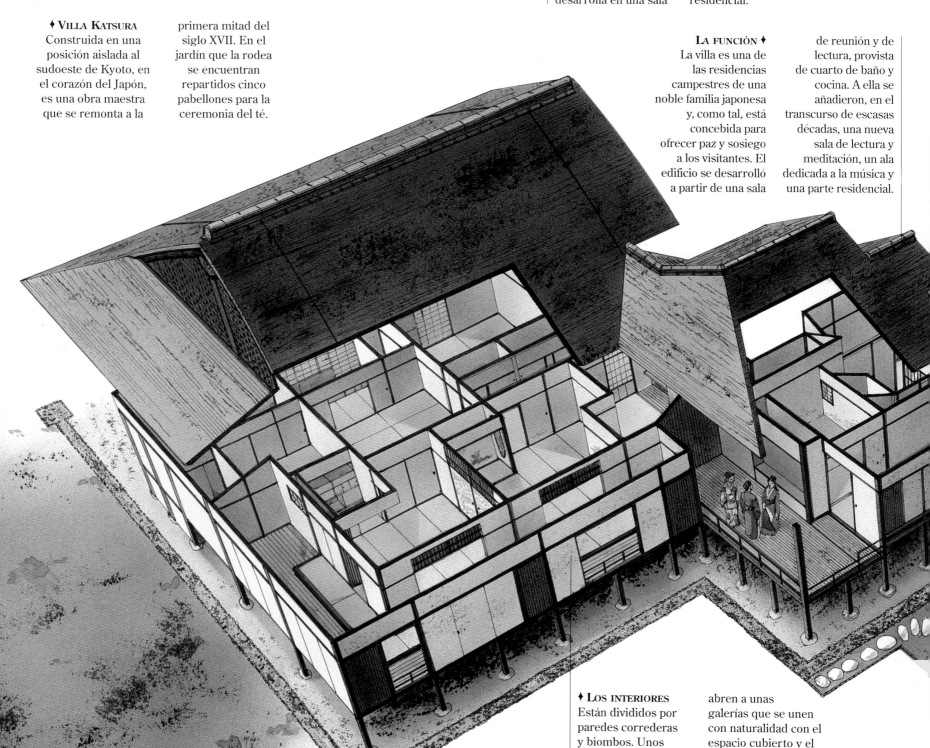

♦ LOS INTERIORES
Están divididos por paredes correderas y biombos. Unos amplios ventanales se abren a unas galerías que se unen con naturalidad con el espacio cubierto y el jardín circundante.

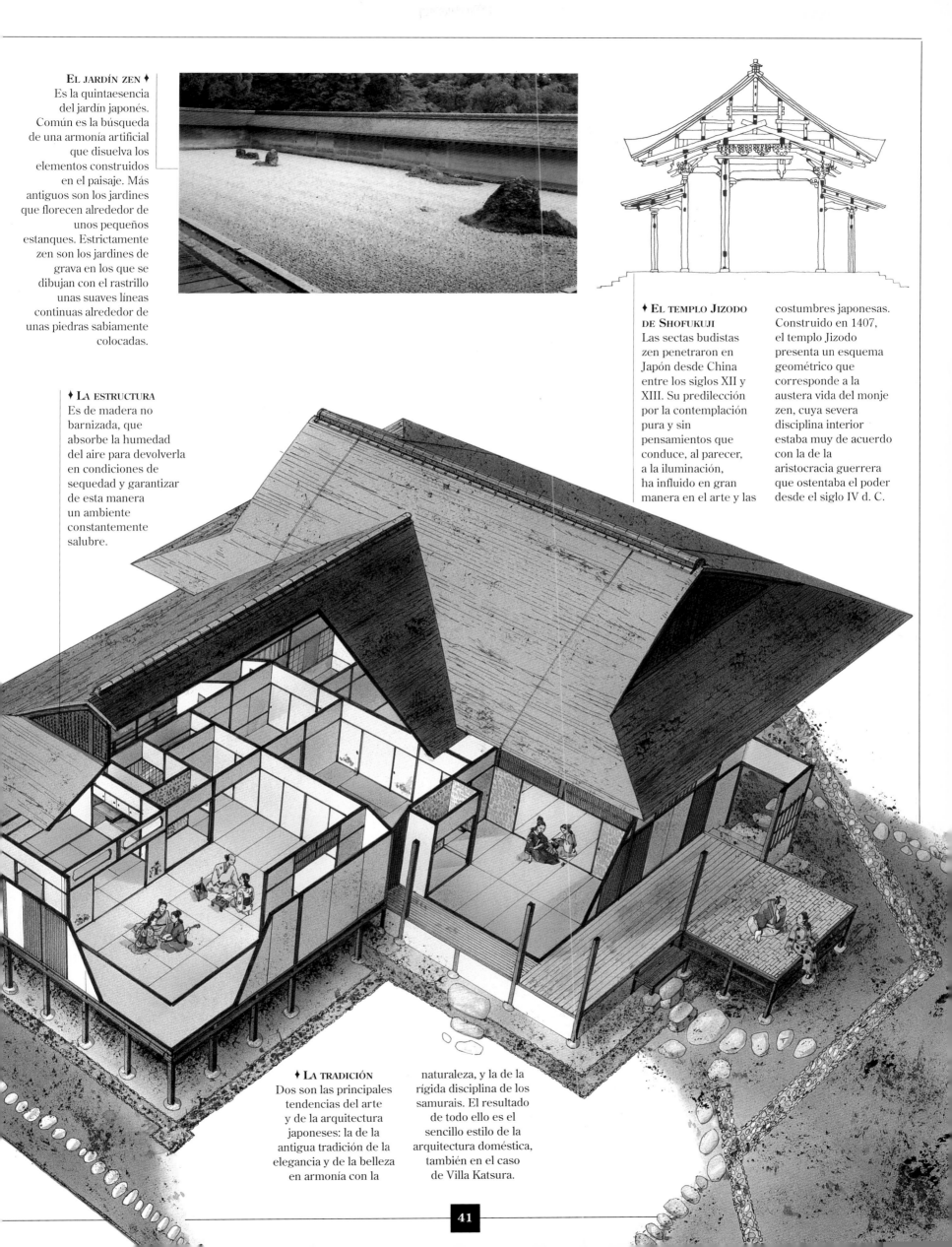

EL JARDÍN ZEN ♦
Es la quintaesencia del jardín japonés. Común es la búsqueda de una armonía artificial que disuelva los elementos construidos en el paisaje. Más antiguos son los jardines que florecen alrededor de unos pequeños estanques. Estrictamente zen son los jardines de grava en los que se dibujan con el rastrillo unas suaves líneas continuas alrededor de unas piedras sabiamente colocadas.

♦ **LA ESTRUCTURA**
Es de madera no barnizada, que absorbe la humedad del aire para devolverla en condiciones de sequedad y garantizar de esta manera un ambiente constantemente salubre.

♦ **EL TEMPLO JIZODO DE SHOFUKUJI**
Las sectas budistas zen penetraron en Japón desde China entre los siglos XII y XIII. Su predilección por la contemplación pura y sin pensamientos que conduce, al parecer, a la iluminación, ha influido en gran manera en el arte y las costumbres japonesas. Construido en 1407, el templo Jizodo presenta un esquema geométrico que corresponde a la austera vida del monje zen, cuya severa disciplina interior estaba muy de acuerdo con la de la aristocracia guerrera que ostentaba el poder desde el siglo IV d. C.

♦ **LA TRADICIÓN**
Dos son las principales tendencias del arte y de la arquitectura japoneses: la de la antigua tradición de la elegancia y de la belleza en armonía con la naturaleza, y la de la rígida disciplina de los samurais. El resultado de todo ello es el sencillo estilo de la arquitectura doméstica, también en el caso de Villa Katsura.

EL BARROCO

En el transcurso del siglo XVII la Iglesia de Roma pierde una parte de su peso político y económico. En efecto, se van afirmando cada vez más los estados nacionales y, en particular, la Francia de Luis XIV, mientras los países del norte de Europa se adhieren al protestantismo. Para defender su prestigio, el papado confiere una nueva importancia a las imágenes como medio de sugestión e invierte en llamativas iniciativas que modifican el rostro de la Ciudad Eterna, convirtiéndola en modelo de las grandes ciudades europeas. Ya Sixto V, entre 1585 y 1590, había mandado realizar un nuevo trazado viario para unir las basílicas mayores, colocando fuentes y obeliscos como elementos de orientación para el peregrino. Los arquitectos barrocos siguen esta línea, convirtiendo el espacio urbano en una gran escena, donde la fusión de las distintas formas artísticas da origen a variaciones ilimitadas. Como en el caso de la plaza Navona, en la que las fuentes, los palacios y las iglesias componen una admirable secuencia escenográfica, de la que se puede disfrutar desde mil perspectivas distintas.

♦ DEL RENACIMIENTO AL BARROCO
Las experiencias de Miguel Ángel, arquitecto, habían marcado la línea de fuga del rigor renacentista ya desde la primera mitad del siglo XVI. En la Capilla de los Médicis –arriba– y en la Biblioteca Laurenciana de Florencia el artista había propuesto, en efecto, un concepto del edificio como un organismo en desarrollo, en el que los elementos estructurales se funden con los de carácter decorativo. A partir de estas premisas, se rechaza el ideal clásico de la armonía y del equilibrio y adquieren más valor el artificio y los efectos de movimiento. Los arquitectos barrocos conciben el espacio como lugar de la experiencia humana y, por consiguiente, dinámico y susceptible de ser plasmado. Utilizan de manera unitaria las distintas formas artísticas, aprovechando los colores de los materiales e incluso los elementos naturales como el agua y la luz, para crear escenarios que ejerzan un profundo efecto en el individuo y en los que éste pueda participar con todos sus sentidos. La arquitectura barroca, nacida en Roma por obra de Gianlorenzo Bernini (1598-1680), autor de la columnata que acoge con los brazos abiertos a los fieles en San Pedro, y de su alumno-rival Francesco Borromini (1599-1667), alcanzará un enorme éxito en todas las cortes católicas europeas y se difundirá, con la penetración de los jesuitas, en la América central y meridional.

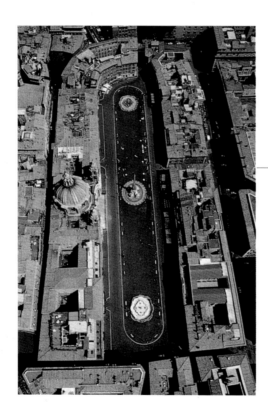

♦ LA PLAZA
Se construyó casi en su totalidad hacia el 1650 en el área antiguamente ocupada por el circo imperial de Domiciano, cuya alargada forma conserva. Dos fuentes ocupan los dos focos de la elipse, mientras que el centro lo ocupa la llamada fuente «de los ríos». Alrededor de la plaza se ramifican las tortuosas calles de la ciudad medieval, con edificios altos y estrechos.

♦ LA FUENTE DE LOS CUATRO RÍOS
Realizada por Bernini entre 1648 y 1651, se presenta como una escollera, sobre la cual destacan las estatuas que simbolizan las cuatro partes del mundo conocido. Las fuentes barrocas sirven para establecer un nexo entre el espacio sólido de la arquitectura y el vacío atmosférico.

SANTA INÉS ♦
La iglesia está construida de tal forma que se pueda admirar desde las infinitas visuales que ofrece la estrecha y alargada plaza. Las fachadas de las iglesias barrocas ya no son la proyección de la organización interior y adquieren significado en relación con los edificios circundantes.

♦ EL PALACIO PAMPHILJ
Se construyó hacia el año 1650 para la familia del papa Inocencio X, según el proyecto de Gerolamo Rinaldi. Este último tenía previsto encuadrar la iglesia de santa Inés entre el palacio y el colegio-biblioteca que la flanquean. Estos dos edificios presentan, en efecto, en sus fachadas idénticos motivos y, en particular, una logia en el primer piso.

SANTIAGO DE
LOS ESPAÑOLES
Es la sede de la
fraternidad de frailes
españoles que se
encargaban de la
organización de
los festejos.

♦ **LA PLAZA NAVONA**
DE ROMA
Es un gran escenario
fijo concebido para
albergar espectáculos
oficiales como los
festejos organizados
en el año 1675
en ocasión del
XV Jubileo.

♦ **LA ORNAMENTACIÓN**
Para aumentar la
espectacularidad del
espacio, la plaza se
rodeó con una
columnata adornada
con plantas, sobre
la cual se colocaron
1.600 antorchas.

LA FACHADA ♦
La obra de Borromini es
dinámica y articulada:
enteramente recubierta
de piedra caliza, se
compone de elementos
en relieve y de otros
cóncavos que ofrecen
acusados contrastes de

luces y sombras.
Los dos elegantes
campanarios encuadran
la cúpula apoyada en un
cimborrio muy alto con
pilastras de mucho
relieve, entre las
cuales se abren unas
amplias ventanas.

LA CIUDAD PROHIBIDA

La ciudad de Pekín está cortada de sur a norte por un camino procesional con puertas monumentales que atraviesan los distintos cercos de murallas. Es un escenográfico recorrido de impresionante majestuosidad que conduce hasta el palacio imperial, construido por voluntad del emperador Zhu Di (conocido también como Yong Le, «Felicidad Eterna»). Pero el emperador tenía reservada otra entrada, la Puerta del Sur, desde la que, en un constante ascenso de gradas y tarimas, se llega hasta el trono dorado de la Sala de la Suprema Armonía. Al centro de la enorme área rectangular, rodeado por un foso y una muralla de 10 metros de altura, sólo tenían acceso la familia imperial y los cortesanos. Por eso se conoce también como la Ciudad Prohibida y durante muchos siglos el pueblo chino, exceptuando los millares de obreros y criados que allí trabajaban, no pudo admirar las salas, los templos, los laboratorios y la biblioteca ordenadamente dispuestos en espaciosos patios y floridos jardines. Lugares de poder, pero también espacios fuera del tiempo concebidos para favorecer la paz y la sabiduría, eternos objetivos de las civilizaciones orientales.

♦ **LA ESTRUCTURA**
El sistema de ménsulas superpuestas por medio de complicados empalmes permite descargar el peso de los arquitrabes sobre las pilastras, el techo, los aleros y las cornisas esculpidas con el tradicional tema del dragón, símbolo de bondad y de fuerza.

♦ **LA SALA DE LA SUPREMA ARMONÍA**
En el centro de la Ciudad Prohibida se encuentra la espléndida sala, en la que el emperador y la corte se reunían en ocasión de los grandes festejos del Estado. El edificio, con sus 35 metros de altura, se construyó sobre un basamento de mármol con amplias escalinatas y es la construcción de estructura lignaria más grande de China.

Todos los edificios de la Ciudad Prohibida están sostenidos por armazones lignarios, realizados con árboles que se transportaban por vía fluvial desde una provincia situada a 1.500 kilómetros de distancia. La deforestación provocada por los Ming producirá una crisis en la tradición arquitectónica china, que en los siglos posteriores tendrá que adoptar estructuras más delgadas.

♦ VISTA AÉREA ♦
Muestra, en el interior del foso, la vasta área rectangular (72 hectáreas) situada en el corazón de Pekín. Los edificios de representación se suceden a lo largo del eje central. Detrás de la Sala de la Suprema Armonía (1) se levanta la de la Armonía Completa (2) en la que se celebraba la ceremonia de la colocación de las vestiduras al emperador, las audiencias y los banquetes y, algo más allá, la de la Conservación de la Armonía (3), en la que se recibía a los dignatarios extranjeros.

♦ CHINA
La antiquísima civilización china, organizada políticamente en feudos, fue unificada por el primer emperador Ch'in Huang-Ti a finales del siglo III a.C. A él se debe el comienzo de la construcción de la Gran Muralla –arriba– una obra de defensa contra las incursiones de las poblaciones nómadas, que serpentea sobre las colinas de los confines septentrionales, reforzada y alargada a través de los siglos hasta alcanzar los 6.400 kilómetros de longitud. Pero sólo con la dinastía Song (960-1279 d.C.) alcanzó China su máximo esplendor y se dotó de una arquitectura monumental y a la vez estilizada, en la que el típico esquema de planta rectangular (en madera y mampostería) de los templos y los palacios se transformó en plantas circulares y poligonales, con tejados cónicos o piramidales en el interior de patios-jardines. El traslado de la capital a Pekín fue obra de Kubilay Kan en el breve periodo de la conquista por parte de los mongoles, entre los siglos XIII y XIV. Desde el 1368 al 1644, una vez expulsados los mongoles, reinó la dinastía Ming, a la que se debe la reorganización de la ciudad en tres partes: la exterior, dedicada al comercio y a los edificios de la administración del Estado; la intermedia, ocupada por la ciudad imperial, con elegantes palacios, lagos y jardines; y, finalmente, en el centro, el palacio imperial, que es, en realidad, un conjunto de más de 1.000 edificios.

♦ LA TECHUMBRE
Está sostenida por 20 columnas de madera maciza lacadas de rojo y cubierta por tejas doradas. El color de los esmaltes y los barnices que cubren los edificios son siempre reveladores de la clase social a la que éstos pertenecen.

EL EMPERADOR ♦
Al «Hijo del Cielo» corresponde la tarea de preservar la armonía entre el mundo natural y el humano.

EL ABSOLUTISMO

En los grandes estados europeos de los siglos XVII y XVIII, la soberanía coincide con la voluntad del monarca. Es en esta época cuando se afianza una variación occidental de la Ciudad Prohibida china, el palacio real desde el que los soberanos absolutos administran sus cada vez más extensos territorios. En Francia, el palacio de Versalles, cuya construcción duró casi un siglo, es una evidente demostración del poder centralizado en comparación con las ciudades italianas, los pequeños reinos alemanes y la nobleza terrateniente inglesa. Por voluntad de Luis XIV, el Rey Sol, lo que inicialmente era sólo una residencia campestre se engrandece hasta convertirse en la capital del reino, una ciudad-jardín que se extiende sobre una superficie tan grande como la de París de la época. Prototipo del arte clásico francés, el palacio de Versalles será el modelo de las residencias de las familias reales construidas en Europa en el siglo XVIII.

♦ **EL PALACIO REAL DE VERSALLES**
En 1682, Luis XIV traslada el gobierno y la corte a Versalles, en el sudoeste de París. Las obras en el parque, en el interior del palacio y en la pequeña localidad situada delante de ellos, aún no están terminadas y durarán varias décadas, pero, a pesar de todo, el nuevo centro del poder francés ya rebosa de vida: los nobles, los funcionarios y los miles de servidores animan los patios, los salones y los soberbios jardines.

♦ **EL PALACIO**
Se desarrolla hacia los lados del cuerpo central, a partir de un antiguo pabellón de caza de Luis XIII. Los arquitectos Le Vau y Hardouin Mansart crean un espacio grandioso, en el que se funden los aspectos públicos y privados de la corte francesa, el trabajo y la diversión.

♦ **LA GEOMETRÍA**
De una rotonda central y de otras periféricas se irradia una red de avenidas y caminitos que conducen a la campiña, a las colinas y a los bosques reservados a la caza, donde la vegetación se modifica artificialmente para atraer a distintas especies de animales.

♦ **El Salón de los Espejos**
Con sus 72 metros de longitud, albergaba las grandes ceremonias públicas y los fastuosos bailes de la corte del Rey Sol. A las 17 ventanas corresponden los espejos que reflejan el espectacular panorama del jardín.

♦ **Las residencias reales en el siglo XVIII**
Los reyes de Francia, que al principio vivían en los castillos del Loira, se establecen en París en 1528. A la reconstrucción del viejo palacio del Louvre suceden, a principios del siglo XVII, importantes obras públicas, mientras la ciudad alcanza los 400.000 habitantes. Pero sólo con la subida al trono de Luis XIV y con un largo período de paz, París y sus alrededores se convierten en el modelo de todas las cortes europeas gracias a toda una serie de obras en gran escala. En el exterior de las murallas de Viena, los Habsburgo inician en 1690 la construcción del palacio de Schönbrunn, similar al de Versalles. En 1752, Carlos de Borbón encomienda al célebre arquitecto Vanvitelli la construcción del palacio real de Caserta; más tarde, convertido en rey de España, reconstruye el palacio real de Madrid –arriba–. La influencia del modelo francés en la organización del conjunto es evidente en ambos casos, a pesar de que el estilo arquitectónico ya ha evolucionado. En efecto, en el transcurso del siglo XVIII, las obras histórico-arqueológicas confieren un nuevo impulso al regreso a la arquitectura antigua, no sólo como imitación sino también como reelaboración, dando origen al llamado neoclasicismo.

♦ **Los jardines**
Los jardines se suceden entre altos setos y albergan pabellones, grutas artificiales, templos, teatros al aire libre y espectaculares fuentes. La fachada occidental del palacio, de 600 metros de longitud, limita el horizonte del parque y está construida precisamente para ser admirada desde muy lejos.

♦ **La nueva ciudad**
En la pequeña y cercana localidad de Versalles, enteramente reorganizada, se concentran las residencias de los funcionarios de la corte. Las antiguas calles de acceso al palacio se transforman en anchas avenidas que convergen en la explanada de la entrada.

EL ESTILO PALLADIANO

Después de las fantasías ópticas y los efectos espectaculares del Barroco, el conjunto de la cultura occidental y de la arquitectura en particular regresan en el siglo XVIII a la búsqueda de la armonía y la elegancia. El arte clásico se asume como modelo de una forma todavía más sistemática que en el Renacimiento: en el Siglo de las Luces prevalecen, en efecto, la reconstrucción arqueológica y la racionalización. El movimiento precursor de este neoclasicismo se produce en Inglaterra y se inspira en los tratados y las obras del arquitecto italiano Andrea Palladio que, en el siglo XVI, había codificado con rigor un estilo basado en la antigüedad. En Estados Unidos el estilo palladiano registra un extraordinario desarrollo entre finales del siglo XVIII y principios del XIX, poco después de la independencia, tanto en la arquitectura privada como en la civil. Buen ejemplo de ello son el Capitolio y la Casa Blanca de Washington y la Universidad de Virginia, proyectada y realizada por el presidente Jefferson.

♦ **EL CONJUNTO**
Está formado por dos grupos de cinco pabellones unidos por columnatas y separados por un inmenso prado.

♦ **LA UNIVERSIDAD DE VIRGINIA**
Thomas Jefferson (1743-1826), arquitecto y hombre político, fue el tercer presidente de Estados Unidos de América (1800-1808). A él se debe el proyecto que comenzó en 1804 y terminó en 1817, de la ciudad académica de Charlotteville.

♦ **LOS PABELLONES**
Están destinados a auditorios y alojamientos para diez profesores y sus familias. Para cada uno de ellos Jefferson eligió un modelo distinto, muestra de los distintos estilos clásicos.

VILLA ALMERICO ♦
Se levanta en la cumbre de un cerro en las afueras de Vicenza. Llamada La Rotonda, fue construida por Andrea Palladio en 1570. Las cuatro fachadas gemelas le confieren el aspecto de un templo que domina el paisaje en todas direcciones. Jefferson se inspiró en ella para su villa de Monticello, en Virginia.

♦ ANDREA PALLADIO
(1508-1580), nacido en Padua de humildes orígenes, fue el primer gran arquitecto profesional. Se formó con Vitruvio y con la observación de las ruinas romanas, pero también con el ejemplo de los grandes protagonistas de la arquitectura renacentista y consiguió desentrañar los secretos de la armonía de las proporciones que aplicó a construcciones monumentales, ligeras y elegantes a un tiempo, como los numerosos palacios y el Teatro Olímpico de Vicenza.
Hacia el año 1550, Palladio, muy apreciado por los ricos señores, desarrolló su propia fórmula de villa-fábrica ideal, que fue durante mucho tiempo un modelo para la arquitectura residencial: un bloque central de planta simétrica, precedido por un pórtico rematado por un frontón y desarrollado con largas alas de edificios rústicos que se extienden lateralmente, uniendo la villa con el paisaje circundante.
En 1730, la primera edición inglesa de los *Cuatro Libros de la arquitectura*, en los que Palladio había expuesto sus teorías y reglas formales, dio lugar a la construcción de gran número de residencias campestres para la nobleza que constituía la élite intelectual y, unas cuantas décadas después, también para los ricos terratenientes de los estados sureños de Estados Unidos.
En los países nórdicos y anglosajones, el estilo palladiano, racional y aparentemente sencillo, ofrecía, en efecto, una versión más accesible del clasicismo.

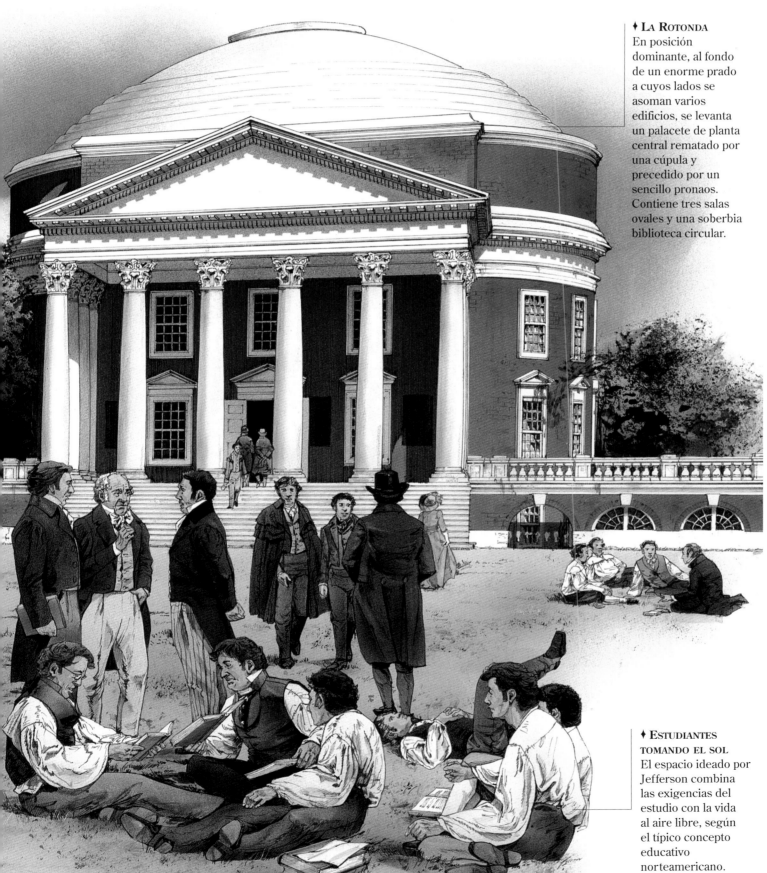

♦ LA ROTONDA
En posición dominante, al fondo de un enorme prado a cuyos lados se asoman varios edificios, se levanta un palacete de planta central rematado por una cúpula y precedido por un sencillo pronaos. Contiene tres salas ovales y una soberbia biblioteca circular.

♦ ESTUDIANTES TOMANDO EL SOL
El espacio ideado por Jefferson combina las exigencias del estudio con la vida al aire libre, según el típico concepto educativo norteamericano.

EL HIERRO Y EL ACERO

En el transcurso del siglo XIX la ciencia y la técnica refuerzan sus vínculos, dando resultados que transforman rápidamente el rostro de las ciudades occidentales y las costumbres de sus habitantes. Se multiplican las máquinas capaces de acelerar la producción en gran escala. No sólo de mercancías sino también de materiales anteriormente demasiado costosos, como el hierro y más tarde también el acero, que sustituyen a los tradicionales. A partir de mediados de siglo, las exposiciones universales son los grandes escaparates de todas estas novedades tecnológicas. También, desde el punto de vista arquitectónico, estas grandes ferias fueron una importante aportación a la consolidación de nuevos estilos y nuevas técnicas de la construcción. Un edificio como el Crystal Palace de Londres, con su ligereza y su luminosidad, es la expresión transparente de los nuevos valores que guían la actividad de los arquitectos: ya no la religión o la majestad de los poderosos sino la ciencia, la industria y el libre comercio.

♦ LAS CONSTRUCCIONES DE HIERRO

Las estructuras que el gran desarrollo de la industria metalúrgica y siderúrgica y de las nuevas técnicas de manufactura del vidrio permiten levantar, se realizan con varas de hierro atornilladas, prefabricadas, para ser ensambladas y cubiertas de planchas de cristal. Se trata de edificios que pueden alcanzar enormes proporciones conservando un aspecto de gran ligereza, al que se suman las ventajas de la solidez y luminosidad de los interiores. Combinando el hierro, el hierro colado, la piedra y los ladrillos, tal como ya hacían los ingenieros que habían proyectado los primeros ferrocarriles y los primeros grandes viaductos, se pudieron construir los edificios típicos de finales del siglo pasado: los pabellones para exposiciones, los mercados cubiertos (como las viejas Halles de París), las estaciones ferroviarias y los grandes almacenes. Todos ellos lugares de paso, en los que las producciones humanas no buscan la eternidad sino la funcionalidad y la utilización inmediata. La apoteosis de las construcciones de hierro se produjo en la Exposición Universal de París de 1889, en la que se presentaron dos impresionantes construcciones en hierro y acero: la Torre Eiffel –arriba, durante la construcción–, de casi 300 metros de altura y la imponente Galería de las Máquinas, modelo para todos los hangares posteriores: un espacio de 430 x 120 metros y 45 metros de altura, completamente revestido de cristal.

♦ EL INVENTOR

Sir Joseph Paxton (1803-1865), autor del Crystal Palace, había iniciado su carrera de constructor de una manera original. En su calidad de jefe de los jardineros del duque de Devonshire, en los años treinta del siglo XIX, se había encargado de la construcción de grandes invernaderos.

♦ EL CRYSTAL PALACE

La primera Exposición Universal se organizó en el Hyde Park de Londres en 1851, en una sola y gigantesca estructura de hierro, vidrio y madera, proyectada para aquella ocasión. Más de 6 millones de visitantes admiraron las mercancías procedentes de todo el mundo. Desmontado al término de la exposición y reconstruido en la localidad de Sydenham, el Crystal Palace fue destruido por un incendio en 1936.

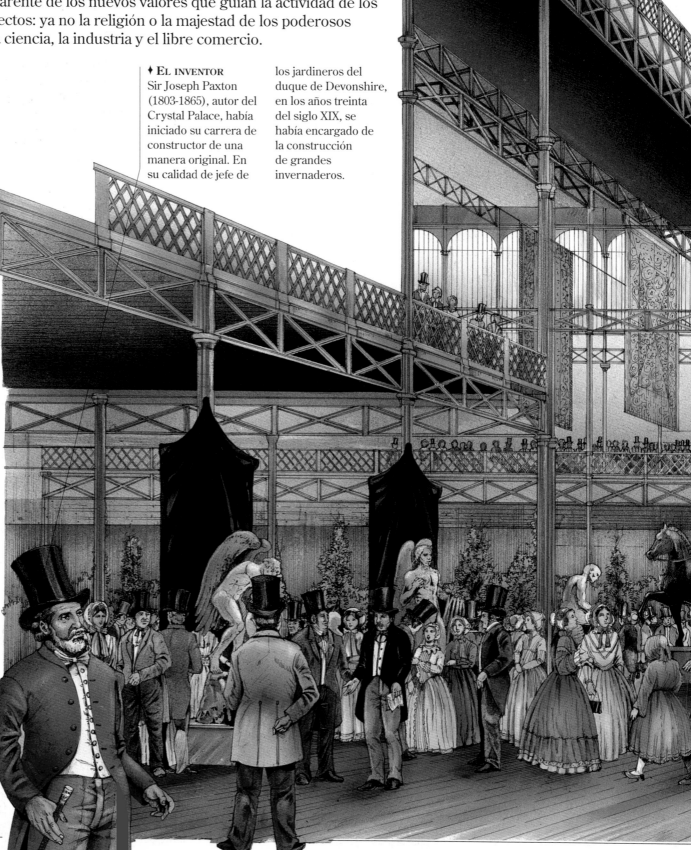

♦ LA EXTENSIÓN
Sobre una superficie de
8 hectáreas, el espacio
cubierto estaba subdividido
en tres pisos, con un total
de 6 galerías longitudinales
y 4 galerías transversales,
en las que se exponían todo
tipo de mercancías, desde
los instrumentos de
precisión a los productos
químicos y las máquinas
recién inventadas.

**LA SALA DE LECTURA ♦
DE LA BIBLIOTECA
NACIONAL DE PARÍS**
Magistral combinación
de piedra y metal, fue
realizada por el
arquitecto Henri
Labrouste hacia 1860.
Estaba pensada como la
expresión más noble
de la moderna

sociedad industrializada,
donde los modernos
materiales y los estilos
antiguos se armonizan
en un conjunto
orgánico. Las columnas
de hierro colado que
sostienen la bóveda,
por ejemplo, están
bellamente
ornamentadas.

♦ LA ORNAMENTACIÓN
Al arquitecto Owen
Jones (1809-1874)
se encomendó la
ornamentación del
interior. Rechazados los
inútiles adornos que
hubieran recargado las
estructuras, la solución
adoptada fueron unas
cintas rojas, amarillas y

azules, separadas
por el blanco, que
acrecentaban la
luminosidad y la
profundidad
del espacio, de
conformidad con los
estudios de la época
acerca de los efectos
del contraste de
colores.

HACIA ARRIBA

La construcción de los rascacielos se inició a finales de la década de los 80 del siglo XIX en las grandes ciudades de América del Norte y, en primer lugar, en Chicago, donde el suelo edificable había alcanzado unos precios muy altos y, por consiguiente, se tenía que aprovechar al máximo. Dos inventos madurados en los años de la revolución industrial hicieron posible la realización de estos gigantes que han marcado profundamente el rostro de las modernas metrópolis de todo el mundo. Por una parte, el acero, una aleación metálica con la que se pueden levantar estructuras todavía más fuertes y ligeras que las de hierro. Y, por otra, el ascensor de alta velocidad, sin el cual sería impensable vivir o trabajar a centenares de metros del suelo de la calle. Nueva York es la ciudad que se identifica más que ninguna otra con su *skyline*, es decir, con el perfil de los rascacielos de Manhattan visibles desde muy lejos.

✦ **Los rascacielos**
El término rascacielos deriva de la traducción literal del inglés *skyscraper*. Al éxito de este tipo de construcción contribuyeron las innovaciones tecnológicas referentes a la iluminación artificial, el aire acondicionado, el suministro hídrico y el vertido de las aguas residuales y los materiales de desecho. Las ventajas de estas torres modernas consisten principalmente en el aprovechamiento de los servicios colectivos y en el fuerte impacto visual. En efecto, los más famosos rascacielos norteamericanos son también unos extraordinarios instrumentos publicitarios para las grandes empresas que los hicieron construir o que los utilizan como sedes administrativas y comerciales. Por ejemplo, el Empire State Building de Nueva York –arriba– se construyó entre 1929 y 1931 con capital de la General Motors y, con sus 381 metros y sus 102 pisos, supera en 60 metros el Chrysler Building que se terminó en 1930, y era en su época el más alto del mundo. Incluyendo la aguja metálica que lo remata, proyectada para el atraque de los helicópteros, el Empire alcanza los 448 metros de altura.

✦ **Nueva York**
A caballo entre los siglos XIX y XX, Nueva York se impone como el nuevo coloso de Occidente, insuperable por su empuje empresarial y el atractivo que ejerce sobre todas las personas ansiosas de novedades. Durante el año 1900 llega un millón de personas a la ciudad que crece desmesuradamente, sobre todo en altura, y se convierte en el centro de una frenética actividad, interrumpida tan sólo por la gran crisis económica de 1929.

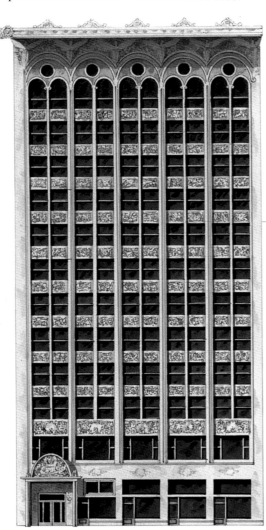

✦ **El Bayard Building**
Construido en 1898, es la única realización neoyorquina de Louis Sullivan, el jefe de la escuela arquitectónica de Chicago y maestro de Frank Lloyd Wright. El edificio se distingue por el ritmo alterno de las pilastras ornamentales gruesas y estilizadas.

✦ **Los cimientos**
Los rascacielos de Nueva York apoyan sus cimientos en un estrato rocoso de unos 25 metros de profundidad.

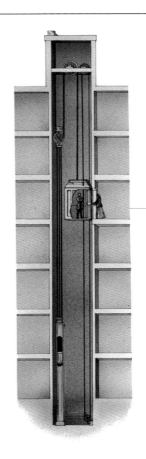

✦ **El ascensor**
El invento se remonta a 1852 y se debe a Elisha Otis (1811-1861), un ingeniero de Vermont (Estados Unidos). Los primeros ascensores eran accionados por una bomba hidráulica que funcionaba a vapor y fue posteriormente sustituida por el motor eléctrico. El primer ascensor de uso público se instaló en unos grandes almacenes de Nueva York en 1857.

La demolición ✦
Para dejar sitio a las nuevas construcciones, la Nueva York ochocentista fue derribada casi en su totalidad. Los «brownstone», los tradicionales edificios de 4-5 pisos, ya son una rareza.

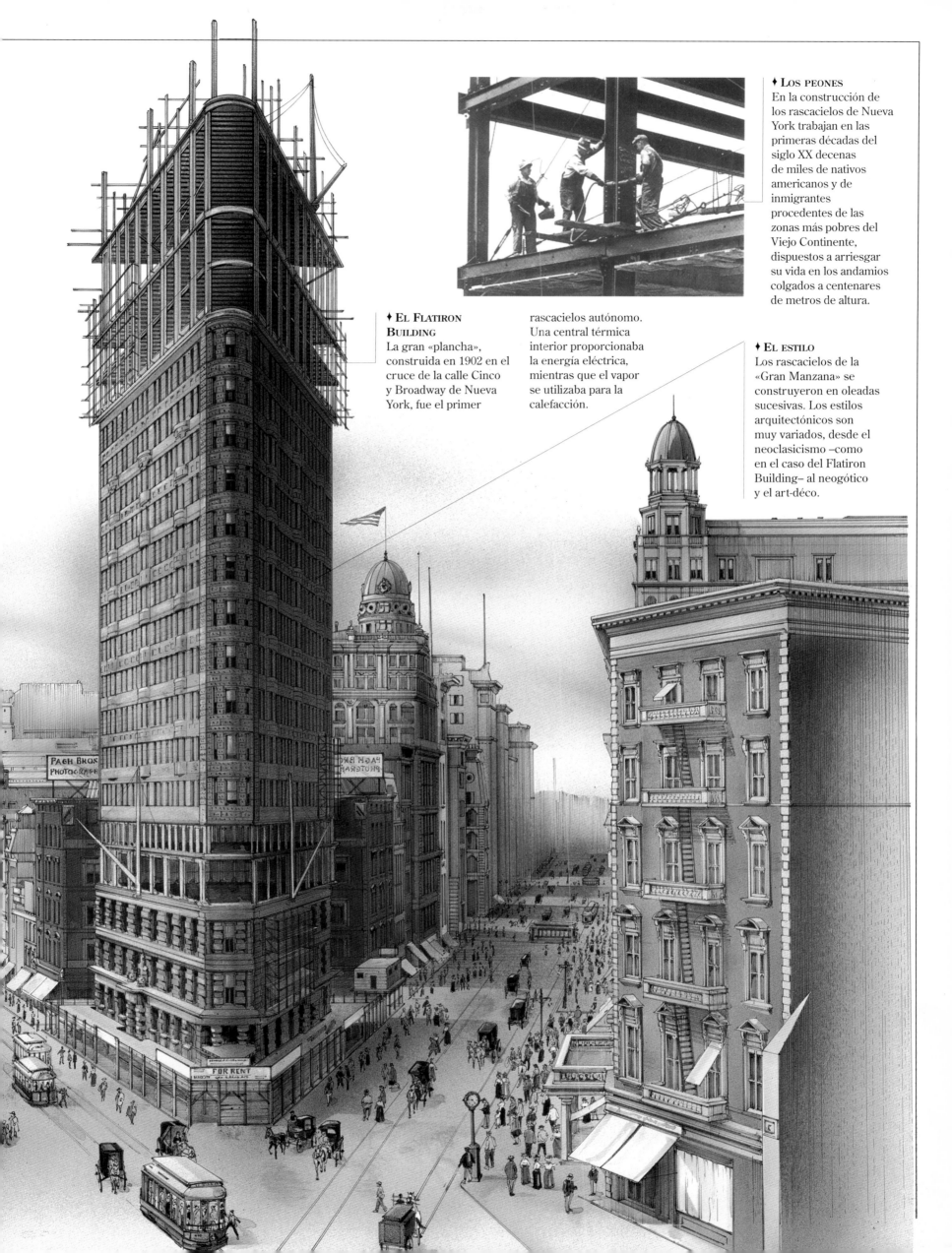

♦ LOS PEONES

En la construcción de los rascacielos de Nueva York trabajan en las primeras décadas del siglo XX decenas de miles de nativos americanos y de inmigrantes procedentes de las zonas más pobres del Viejo Continente, dispuestos a arriesgar su vida en los andamios colgados a centenares de metros de altura.

♦ EL FLATIRON BUILDING

La gran «plancha», construida en 1902 en el cruce de la calle Cinco y Broadway de Nueva York, fue el primer rascacielos autónomo. Una central térmica interior proporcionaba la energía eléctrica, mientras que el vapor se utilizaba para la calefacción.

♦ EL ESTILO

Los rascacielos de la «Gran Manzana» se construyeron en oleadas sucesivas. Los estilos arquitectónicos son muy variados, desde el neoclasicismo –como en el caso del Flatiron Building– al neogótico y el art-déco.

LA PREFABRICACIÓN

El clamoroso desarrollo económico y tecnológico de los años 50 y 60 condicionó considerablemente los nuevos conceptos arquitectónicos. Más que nunca el hombre se sintió en condiciones de transformar su propio ambiente y de intervenir a una escala cada vez más amplia, llegando a menudo a excesos desastrosos desde el punto de vista ecológico. A la exigencia de construir edificios comerciales o de viviendas los arquitectos han respondido de muy variadas maneras, confiando a menudo en la posibilidad de crear ambientes cómodos y funcionales sin recurrir a las tradiciones seculares; es más, inventando soluciones espléndidas y originales. Muchas veces, la utopía se ha quedado en el papel, pero otras se ha llevado a la práctica, gracias entre otras cosas a unos sistemas de construcción impensables en otros tiempos como, por ejemplo, el ensamblaje de enteras viviendas prefabricadas. El resultado estético de estas construcciones, como en buena parte de la arquitectura del siglo XX, se confía al juego de las masas y los volúmenes más que a la utilización de motivos ornamentales. Pero el riesgo de la monotonía de la repetición de los elementos está siempre al acecho.

✦ **EL ENSAMBLAJE EN SECO**
La industrialización inmobiliaria ha llevado a la producción de sistemas de componentes que se ensamblan por medio de distintos métodos de acoplamiento sin necesidad de cemento. Las numerosísimas soluciones existentes desde hace varias décadas en el mercado, tienden actualmente a una estandardización que permita una composición flexible y variable.

✦ **EL COMPLEJO**
Aparentemente irregular, está en realidad asentado sobre una rígida parrilla ortogonal, exceptuando los pasillos peatonales transversales que conducen a los distintos apartamentos, atravesando las amplias terrazas creadas por los salientes de los distintos módulos.

✦ **HABITAT '67**
El tema de la Exposición Universal de 1967 fue « El hombre y su mundo» y en ella se prestó especial atención al problema de la creciente urbanización de la población mundial.

En Montreal, sede de la exposición, se presentó toda una aldea compuesta de células residenciales prefabricadas, acopladas a modo de racimos. Participaron 70 países y se registraron 50 millones de visitantes.

LOS MÓDULOS ✦
Los apartamentos individuales construidos en cemento armado son unas cajas que se pueden acoplar de distintas maneras. La operación exige una gran precisión y es, por consiguiente, una tarea reservada a técnicos especialmente preparados.

✦ LAS GRÚAS
Instrumentos fundamentales en las obras modernas, pueden levantar y desplazar cargas muy pesadas. Para el ensamblaje de Habitat '67, aparte las tradicionales, se utilizaron unas grúas rodantes cuyos brazos tienen más posibilidades de movimiento.

✦ LA PREFABRICACIÓN PESADA
Se puede decir que el hombre ha ensamblado desde siempre sus propios edificios con elementos prefabricados: vigas de madera, bloques de piedra o ladrillos. Pero en el siglo XX se produjo un cambio sustancial en la tecnología inmobiliaria con la introducción de nuevos materiales, dúctiles y resistentes, y con la estandarización de la producción de las piezas individuales. Ello ha permitido proyectar edificios enteros como conjuntos de elementos producidos en serie y concebidos para ser acoplados en un segundo tiempo, con notable reducción de los gastos y del tiempo y simplificación del trabajo de los obreros. Se habla en este caso de prefabricación ligera. El desarrollo de los transportes ha permitido posteriormente concebir una prefabricación pesada, en la que los elementos a ensamblar son más grandes y complejos: bloques enteros de cimientos, paredes y cubiertas. Pero el caso de Habitat '67 demuestra que se puede ir más allá, construyendo en el suelo enteros apartamentos para montarlos después a voluntad, como en un gran juego de construcciones. Arriba, elementos de cemento armado para conducciones subterráneas.

✦ EL ARQUITECTO
Es el joven israelí Moshe Safdie, nacido en el año 1938. Entre los años 1968 y 1971 ha propuesto –sin llegar a realizarlas– elaboraciones de su proyecto para núcleos residenciales de Nueva York y Puerto Rico.

LAS MACROESTRUCTURAS

En la segunda posguerra, la plena confianza en las posibilidades de la alta tecnología llevó a imaginar nuevas dimensiones para la vida del hombre. Se empezaron a construir edificios de grandes dimensiones, en los que el nivel del suelo se recrea y multiplica en planos distintos y en los que se reúnen las funciones de vivienda, comerciales, escolares, administrativas, de ocio y de toda la serie de servicios que ofrecen normalmente los organismos rerpartidos por toda la ciudad. El gran precursor de este concepto fue Le Corbusier, consciente de las nuevas características de la metrópoli industrial y comercial, en la que la arquitectura tiene que tomar en consideración el incremento de la densidad demográfica y la renovación de las actividades productivas. Algunos edificios proyectados según estos conceptos están organizados, incluso, como estructuras que se pueden modificar y ampliar. Un ejemplo de ello es el centro radiotelevisivo construido en Kofu, Japón, a finales de la década de los años 60.

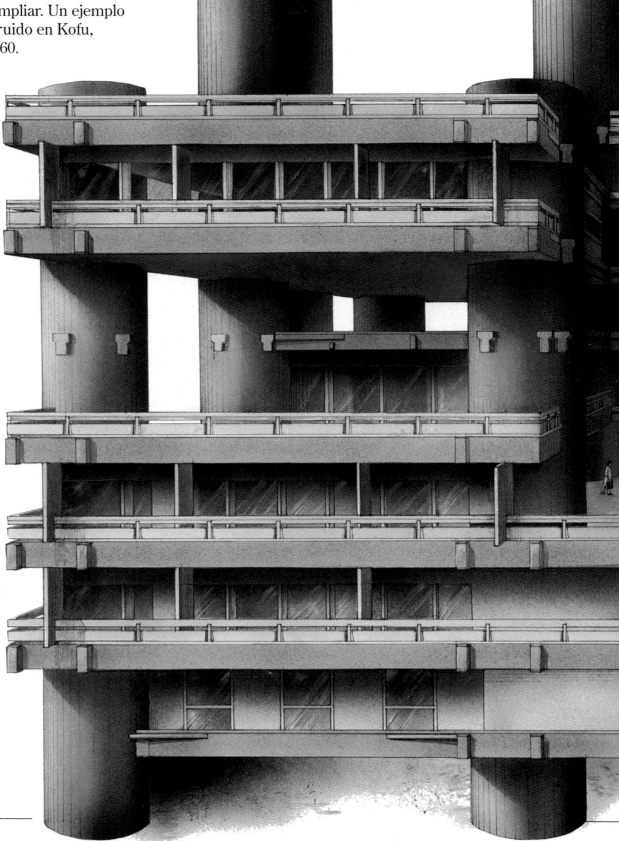

♦ **EL CENTRO RADIOTELEVISIVO YAMANASHI EN KOFU** Construido en la ladera del Fujiyama entre 1966 y 1967 según proyecto del arquitecto japonés Kenzo Tange, es una gigantesca estructura colgante y hace realidad el sueño de una construcción independiente del suelo sobre el que se levanta.

♦ **EL RASCACIELOS DEL COMMERZBANK** Se inauguró en Francfort el 16 de mayo de 1998. Según el proyecto del arquitecto inglés Norman Foster, es el edificio más alto de Europa. A pesar de estar enteramente dedicado a despachos, presenta, en tres pisos distintos, otros tantos patios elevados llenos de plantas que son espacios comunes y de representación.

♦ LA UNIDAD DE VIVIENDA DE MARSELLA
Terminada en 1952, se puede considerar el modelo de todas las macroestructuras. Su autor fue el suizo Le Corbusier (1887-1965), gran maestro de la arquitectura del siglo XX. Consta de 330 viviendas, establecimientos de todo tipo en el 7º y el 8º piso y, en la terraza panorámica, un jardín de infancia, un gimnasio y un pequeño teatro. El conjunto de la estructura se asienta sobre unos pilares a 8 metros del suelo. El proyecto de Le Corbusier preveía varios bloques de este tipo repartidos por un prado, la llamada «Ciudad Radiante».

♦ EL ESTILO INTERNACIONAL
La arquitectura de la primera mitad del siglo XX está marcada por unas corrientes a menudo contrarias, entre la búsqueda de efectos ornamentales sorprendentes, los intentos de recuperar la perdida armonía con la naturaleza, y la exigencia de construir edificios de bajo precio, capaces de reunir los miles de viviendas para las nuevas y enormes aglomeraciones urbanas. El estilo que acabará por imponerse es el llamado International Style, desarrollado a partir de la década de los años 20 por parte de arquitectos norteamericanos y europeos. Está caracterizado por la voluntad de crear un lenguaje universal hecho de formas sencillas y reconocibles. Pero esta búsqueda de la funcionalidad y la racionalidad de las construcciones queda parcialmente interrumpida en Europa por el advenimiento del fascismo y el nazismo. En la segunda posguerra, la recuperación del desarrollo lleva a una nueva definición de las ciudades y de su arquitectura sobre la base de la creciente importancia que adquieren los centros direccionales, comerciales y culturales. Las macroestructuras están pensadas precisamente como organismos autónomos que reúnen funciones distintas y tienden a sustituir la ciudad tradicional. Arriba, una fachada de la Ciudad Radiante, Marsella.

♦ LOS MATERIALES
Como en buena parte de la arquitectura contemporánea, predomina el cemento armado en bruto en las superficies exteriores.

♦ LA DISTRIBUCIÓN DE LAS FUNCIONES
En los niveles inferiores se encuentran la administración y el conjunto de los despachos y, en los pisos superiores, los estudios de televisión.

♦ UN NUEVO TIPO DE ESTRUCTURA
El sistema de soportes no está constituido por pilastras y por las tradicionales vigas, sino por unas torres cilíndricas huecas que sostienen los suelos. La distinta altura de los cilindros y la disposición irregular de los volúmenes le confieren el aspecto de un edificio en desarrollo.

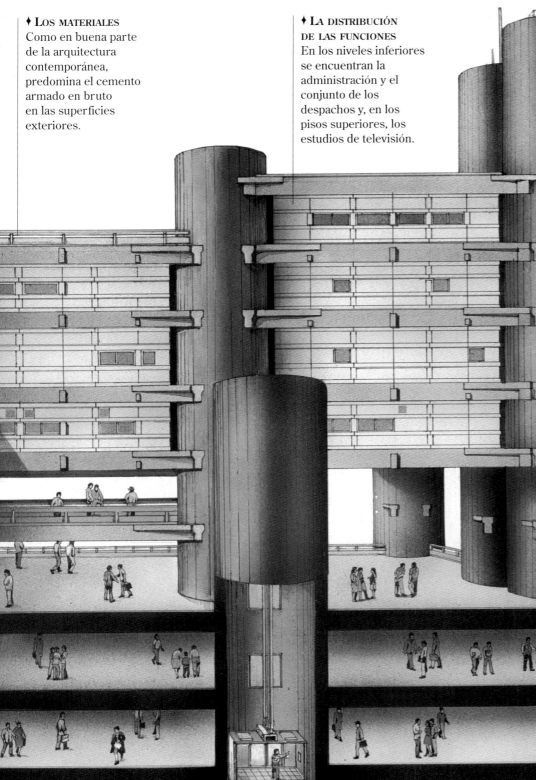

LAS 16 TORRES ♦
Tienen un diámetro de 5 metros y contienen las escaleras, los ascensores y las tuberías de las instalaciones técnicas.

PÚBLICO Y PRIVADO

La arquitectura contemporánea, paralelamente a las tendencias racionalistas y funcionales que han desempeñado un papel de guía a lo largo de todos los años centrales del siglo XX, se ha esforzado en buscar una originalidad formal y estructural. La construcción de viviendas populares, a la que todos los grandes arquitectos se habían dedicado con entusiasmo en las décadas que rodearon la II Guerra Mundial, ha acabado limitándose a una repetición en serie de los modelos eficientes y de bajo coste. Exceptuando los chalets y los edificios comerciales construidos por encargo de acaudalados particulares, el tema preferido de la arquitectura culta son cada vez más las estructuras públicas prestigiosas como los museos, los teatros o las galerías. En este sector se experimentan nuevas formas, nuevos materiales y nuevas combinaciones de funciones y se tiende a levantar las construcciones en lugares ya dotados de por sí de un encanto especial. Es lo que ocurre de manera ejemplar en el caso de la Opera House de Sydney, con sus inconfundibles vertientes de tejado en forma de caracola.

♦ LA CASA SOBRE LA CASCADA
Proyectada por Frank Lloyd Wright, se construyó entre 1936 y 1939. En unos años dominados por el racionalismo y por la verticalidad del espacio urbano, el genial arquitecto actúa contracorriente y nos ofrece una muestra de su amor por los grandes espacios y la energía de la naturaleza. Las habitaciones interiores de la casa fluyen las unas en las otras y las terrazas se funden con el jardín circundante.

♦ LA OPERA HOUSE DE SYDNEY
Este modernísimo teatro lírico, construido entre 1959 y 1973 según el proyecto del arquitecto danés Jorn Utzon, incluye también dos teatros, una biblioteca, una sala de exposiciones y dos restaurantes. Proyectado hacia adelante como un gigantesco velero sobre la bahía de Sydney, es visible desde mil perspectivas distintas y se ha convertido en el símbolo de Australia.

♦ EL KARL-MARX-HOF
En la segunda mitad de la década de los años 20 del siglo actual, el Ayuntamiento de Viena patrocinó algunos grandes experimentos de construcción popular. Según los proyectos de prestigiosos arquitectos y bajo el impulso de las utopías socialistas, se construyeron bloques de viviendas de grandes dimensiones, como el Karl-Marx-Hof de Karl Ehn, terminado en 1929. Un conjunto monumental de centenares de apartamentos dispuestos como una plaza fuerte alrededor de patios y plazas. Otros experimentos análogos se llevaron a cabo en Berlín y Francfort, en Alemania, y en Amsterdam y Rotterdam, en Holanda.

LOS TEJADOS ♦ DE CARACOLA
Están revestidos con más de un millón de baldosines de reluciente cerámica blanca de producción sueca, dispuestos en escamas de pez.

EL TEATRO LÍRICO ♦
Con capacidad para 1.547 localidades sentadas, posee una acústica ideal para la música operística.

✦ EL CENTRE POMPIDOU
Construido entre 1971 y 1977 según el proyecto de Richard Rogers y Renzo Piano, es el gran templo de la cultura y del arte contemporáneo situado en el centro de París. Su originalidad es a un tiempo formal y estructural: todos los elementos técnicos y de servicio (escaleras, ascensores, tuberías) están colocados en la parte exterior, dejando con ello más espacio para las exposiciones y confiriendo al conjunto el aspecto de una perenne obra en construcción.

✦ LA ALTURA MÁXIMA
Es de 67,4 metros. Ello supuso enormes riesgos para los obreros, teniendo en cuenta también la acusada inclinación y la lisa superficie de los baldosines de cerámica.

✦ EL MUSEO GUGGENHEIM DE NUEVA YORK
Fue encargado en 1943 por el filántropo y coleccionista Solomon Guggenheim a Frank Lloyd Wright (1869-1959), uno de los arquitectos más originales del siglo XX. Situado en las inmediaciones del Central Park, se caracteriza por las formas circulares del exterior, a las que corresponde la rampa de caracol a lo largo de la cual se exponen las obras de arte contemporáneo. El museo, convertido posteriormente en un gran atractivo turístico, se completó en 1959.

✦ LA SALA DE CONCIERTOS
Es la más amplia del conjunto, con un aforo de 2.679 localidades. El techo revestido de madera de abedul está especialmente estudiado para alcanzar la acústica más apropiada para la música clásica.

✦ LA TERRAZA
Rodea el edificio y permite pasear por ella como por un muelle turístico.

✦ LAS VIDRIERAS
Protegidas por los aleros en forma de caracola, poseen un doble acristalamiento que aísla el interior del calor y de los ruidos del puerto. Los distintos elementos que las integran son de producción francesa.

LA RECONVERSIÓN

Desde los tiempos antiguos los constructores
han actuado sobre arquitecturas preexistentes para
aumentar su tamaño, modernizarlas, extraer materiales
para nuevas construcciones o bien adaptarlas a nuevas
funciones. Hoy en día, por ejemplo, en el centro de
muchas grandes ciudades existen edificios que han
perdido su función debido al rápido desarrollo del
conjunto urbano. Las capitales europeas en particular,
crecidas alrededor de centros históricos a veces muy
antiguos, conservan en sus inmediaciones estaciones
o edificios industriales en desuso que en otros tiempos
se encontraban en las afueras. En algunos casos se
trata de auténticas obras maestras a caballo entre los
siglos XIX y XX , en las que se integran sistemas
constructivos y estilos muy distintos. En tal caso,
no merecen ser destruidas sino reutilizadas tras una
oportuna puesta al día. En París, a orillas del Sena,
una estación de finales del siglo pasado, la Gare
d'Orsay, se transformó hacia el año 1980 en un
museo que alberga colecciones de arte moderno.

♦ **LA GARE D'ORSAY**
La estación se
inauguró en ocasión
de la Exposición
Universal del año
1900 y se dejó de
utilizar en 1939.
El museo se abrió
al público en 1984.

EL EDIFICIO ♦
La estructura original
se ha restaurado
cuidadosamente.
La gran bóveda de
cristal asegura una
intensa iluminación
natural.

♦ **VISTA DEL
EXTERIOR**
El arquitecto Victor
Leloux (1850-1937)
y sus decoradores
habían enmascarado
el aspecto industrial
de la construcción

detrás de una
pomposa fachada de
piedra. También en
el interior, la piedra
y el estuco ocultan
parcialmente las
audaces estructuras
metálicas.

♦ **Los espacios
de exposición**
La italiana Gae Aulenti
proyectó la ordenación
de los espacios
interiores. La nave
central se articula en
un amplio pasillo
inclinado, en torno al
cual están dispuestas
las salas del museo,
rematadas por terrazas.
Las salas y las terrazas
comunican con otros
espacios a distintos
niveles, que ocupan el
lugar de los vestíbulos
situados en el lado de
la nave que mira al
Sena. Otras galerías
ocupan el antiguo hotel
anexo a la estación.

♦ **La restauración
arquitectónica**
Tiende a recuperar el
estado inicial de un
edificio alterado en
épocas posteriores
a su construcción o
bien parcialmente
destruido por obra
del tiempo o de
acontecimientos
externos como
guerras o catástrofes
naturales. Sin embargo,
se pueden distinguir
varios tipos de
intervenciones.
La conservadora se
refiere a los edificios
de interés histórico
y artístico como,
por ejemplo, las
grandes catedrales.
La restauración de
consolidación se lleva
a cabo en arquitecturas
que presentan riesgo
de derrumbamiento
estructural.
La reconstrucción
consiste, en cambio,
en volver a levantar
una construcción
derribada,
principalmente con
materiales originales
(como en el caso
del zigurat de Ur).
La restauración de
eliminación consiste
en la retirada de
los añadidos y las
alteraciones que han
modificado el aspecto
inicial de un edificio.
La restauración de
acabamiento –típica
de la época romántica–
consiste en completar
obras incompletas
según una presunta
fidelidad estilística.
Finalmente, la
restauración de
innovación consiste en
renovar la función de
un edificio, como en el
caso de la Gare d'Orsay.
Arriba, el Templo
Malatestiano de Rímini,
proyectado por Alberti,
desmontado y vuelto
a montar para
consolidar la urdimbre
de sus muros.

♦ **Los interiores**
La arquitectura de los
interiores se integra
en la preexistente
gracias sobre todo a
los colores de los
materiales y de los
revestimientos.

HACIA EL FUTURO

El segundo milenio se cierra con un nuevo y extraordinario desafío lanzado por ingenieros y arquitectos. Para celebrar los dos mil años de la civilización occidental, Inglaterra ha organizado en Greenwich, el lugar por donde pasa el meridiano que regula los relojes de todo el mundo, una gran exposición cuyo tema es precisamente el tiempo. Hace 6.000 años el hombre levantó las primeras y colosales construcciones en piedra, hace 2.000 años ya dominaba las técnicas de construcción del arco y la cúpula y hace algo menos de 1.000 años elevaba al cielo catedrales cada vez más altas. Hoy en día se pueden plasmar y ensamblar materiales ligeros y resistentes producidos con las más avanzadas tecnologías para construir estructuras de dimensiones impresionantes, modeladas según unas formas que son a un tiempo sencillas y futuristas. Parece que, finalmente, se ha conseguido domesticar el espacio y la materia, pero el tiempo sigue siendo una dimensión inaprensible y sólo recurriendo a un pasado denso de historia, del cual la arquitectura es un testigo incomparable, se podrán cumplir las aspiraciones para el futuro.

♦ EL MILLENNIUM DOME
Es un gran espacio para exposiciones realizado en Greenwich, a orillas del Támesis, en ocasión de la exposición organizada para celebrar el año 2000. La estructura tiene un diámetro de 320 metros y una altura de 50 y podrá acoger a 100.000 visitantes diarios.

♦ LA ESTRUCTURA
Está formada por 12 palos tubulares de metal coloreado de aproximadamente 100 metros de altura, que sostienen la red de cables de suspensión y anclaje al suelo. El proyecto es obra del estudio del arquitecto Richard Rogers.

COMO LA ESFERA ♦ DE UN RELOJ
La cúpula está subdividida en 12 secciones a las que corresponden otras tantas zonas temáticas organizadas en pabellones autónomos en la planta baja. Los paneles opacos que separan los sectores señalan las entradas del edificio.

LOS RESTANTES ♦ ESPACIOS
Doce esferas de 20 metros de diámetro dispuestas alrededor de la cúpula contienen otros espacios de exposición y pequeños auditorios. Se accede a ellos desde el entresuelo, un anillo elevado en el que están reunidas todas las estructuras de servicios para el público: tiendas, bares, restaurantes.

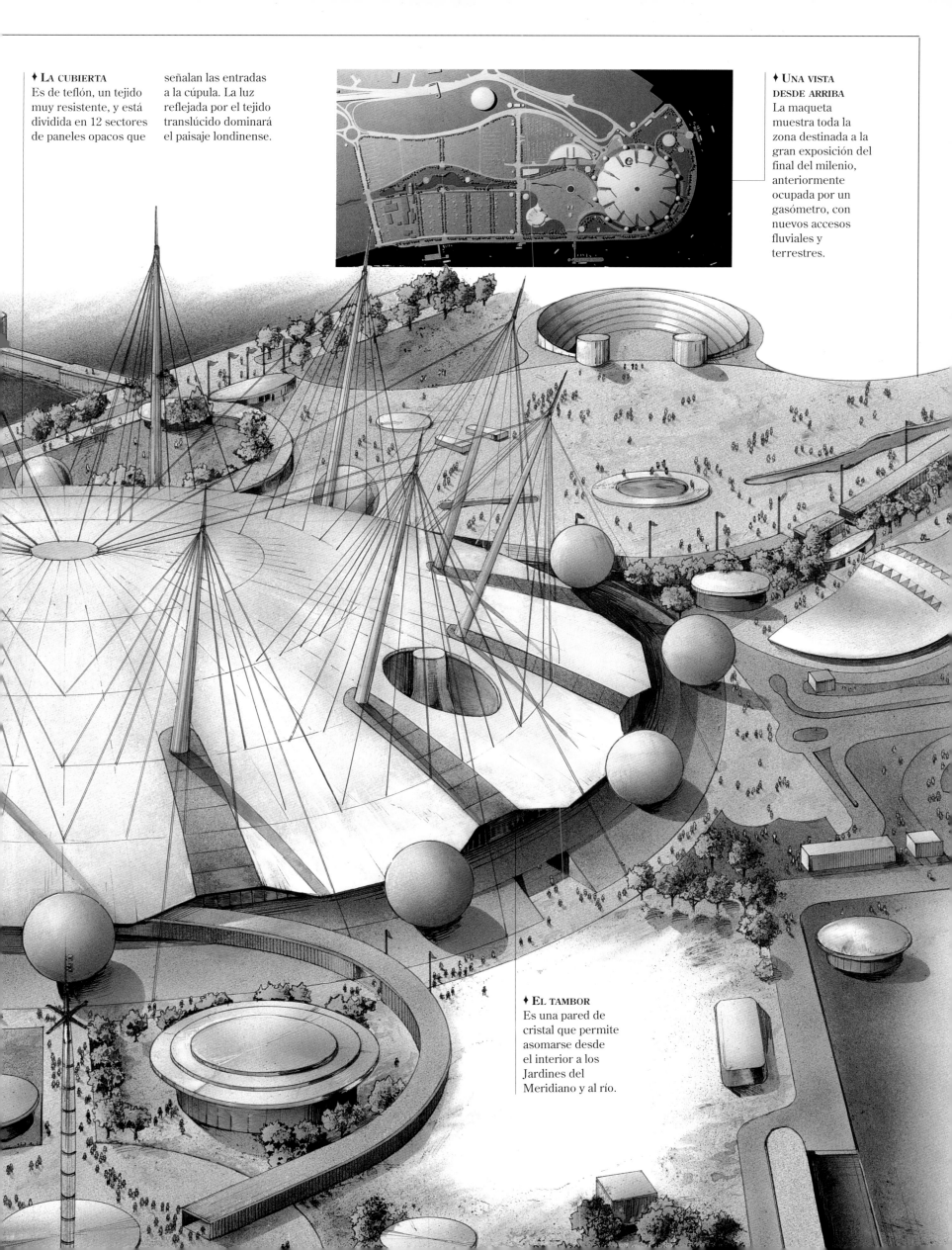

♦ **LA CUBIERTA**
Es de teflón, un tejido muy resistente, y está dividida en 12 sectores de paneles opacos que señalan las entradas a la cúpula. La luz reflejada por el tejido translúcido dominará el paisaje londinense.

♦ **UNA VISTA DESDE ARRIBA**
La maqueta muestra toda la zona destinada a la gran exposición del final del milenio, anteriormente ocupada por un gasómetro, con nuevos accesos fluviales y terrestres.

♦ **EL TAMBOR**
Es una pared de cristal que permite asomarse desde el interior a los Jardines del Meridiano y al río.

♦ ÍNDICE ANALÍTICO